U0082800

電影裡的
人權 關鍵字

雨季不再來
Dry Season

目錄 ⟶

【序】

　　國家人權博物館與富邦文教基金會合作出版《電影裡的人權關鍵字》。這份冊子是由我們籌組編輯委員會，精選電影中的 8 個關鍵字，邀請寫手撰寫相關內容。與一般條目或是名詞解釋的形式不同，關鍵字傳遞的訊息，並非只是資訊的整理，它呈現一種觀點，是我們認為推動人權教育，看待事情的角度，因此，關鍵字，是人權影像教育的一個新的嘗試，也是「媒體行動主義」的具體實踐。

　　當代社會快速攝取資訊的習慣以及緊湊的生活，讓我們不易關注與我們生活遙遠的事物，然而影像的優勢，讓我們在觀賞電影的當下，跨越時間、空間的限制，與影像的內容產生共感。人權館多年來一直嘗試透過影像進行人權教育，因為我們相信我們與影像的關係，不只存在於觀看影像的空間，若能將影像的影響，傳遞到我們的日常生活，則影像在社會中可以發揮不容忽視的改變。以《島國殺人紀事》為例，導演蔡崇隆透過紀錄片，說明蘇建和、劉秉郎、莊林勳三人在檢警調查、司法審判中所遭遇到的種種不合理，在漫長的

冤案救援，這部紀錄片是一個最好的敘事，發揮重要的影響
力。

　　關鍵字與人權館每年舉辦的人權影展有關。2019 年的人權
影展是新的嘗試，我們在選片的時候，有意識地思考除了做影
展，要如何將這些電影與教育現場結合，在這個脈絡下，我們
產出了關鍵字手冊。手冊被賦予教學素材的意義，除了搭配電
影可以做為老師上課的補充知識外，我們也期待每部電影選出
的關鍵字，可以成為單篇閱讀的文章，讓老師以及學生，可以
在 4000 字左右的篇幅，瞭解什麼是人權、轉型正義等。例如
本書的〈伊斯蘭〉，過去大家苦於伊斯蘭文化的標籤或汙名，
光是辨認資料的可信度已大費周章，更何況必須將資料簡化並
傳遞。現在人權館邀請寫手蒐集、消化研究資料，並以相對清
楚易懂的文字，將概念呈現出來，同時也是最重要的，是每個
關鍵字都有相應的提問及教學提示，輔助老師的教學，相信對
於影像結合人權教育有所幫助。

　　《雨季不再來》的背景對身處臺灣的我們是一個陌生的文
化，然而本片的核心概念：「復仇」，卻是人類社會普遍的情
感，透過關鍵字手冊，我們嘗試從陌生中思考普遍性，建構不

同種族、文化之間彼此認識的橋樑。本書許多議題資料查找
不易，因此我要特別感謝編輯小組以及寫手的耐心，願意投
入長時間的精神，推廣人權教育。也特別感謝富邦文教基金
會，願意支持關鍵字手冊的計畫，將「媒體行動主義」化為
可以被實踐的目標。希望這本書不只是開始，更能成為未來
人權影展與教育現場結合的最佳典範。

國家人權博物館 館長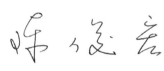

【導讀】

我們必須靜靜地、靜靜地開始行動

文／孫世鐸

在知道如何善用想像力的情況下，這些影片找到了理解歷史真相的秘訣，而人們則可透過這些影片了解歷史現象發生的原因。

————費侯（Marc Ferro）〈論電影中的革命運動〉

　　如同無數表徵「現代」與「文明」的科學技術，電影也是殖民者的發明。在長期受到殖民，經濟與產業發展只為宗主國服務的社會中，要長出需要高度整合知識生產與技術體系的電影工業，述說屬於自己的故事，無疑是巨大的奢求。在《雨季不再來》的導演哈隆（Mahamet-Saleh Haroun）前往殖民者的國家學習電影之前，查德是一塊「沒有電影的土地」——在我們身處的時代，幾乎要等同於「沒有故事的土地」。

　　查德當然不是獨一無二的例子，從本書中的〈法國殖民〉出發，我們會開始理解，在許許多多已經脫離殖民走向獨立的國家裡，殖民者所留下的統治結構仍然主宰著社會的發展，絕大多數人民，都只能在這個已經被給定的結構裡求生，擁有的機會與選擇十分稀少。

　　從殖民者的國家把電影帶回查德的哈隆，在第一部長片作品《再見非洲》（Bye Bye Africa）裡「飾演」他自己——一位想在非洲拍電影的導演，一方面必須在面對家人的質疑時，引用法國導演高達（Jean-Luc Godard）所說的「電影可以創造記憶」為自己辯護；一方面也發現在他的祖國，從製作到放映，要完成一部電影幾乎都是不可能的事。在這樣的荒

蕪之中，創作者有可能無中生有，用電影為祖國創造記憶嗎？

《雨季不再來》是這樣開始的：在接連的幾個空鏡頭中，只有宛如神諭的聲音從畫外傳來，為我們揭開一個彷彿意義尚未明確的原初世界。然而，〈伊斯蘭教〉一文將帶領我們窺見，覆蓋在這個影像世界之外的，是什麼樣的宗教和文化傳統，而這些傳統又如何指引了影片中角色的各種行動。

〈正義與真相委員會〉一文告訴我們，曾對查德人民犯下許多暴行的獨裁者哈布雷（Hissène Habré）流亡所在的塞內加爾，才宣布要和查德合作成立特別法庭審理哈布雷；而影片中虛構的「正義與真相委員會」，正如同〈赦免〉一文所述的西班牙一般，決定無條件赦免所有加害者，引爆了民眾的憤怒。從這裡開始，影像的世界和我們生活的世界有了聯繫──我們既可以把這個故事讀成亙古皆然的神話，一如〈復仇〉提及，「有仇必報」似乎是人類社會從來不變的真理；也可以讀成歷經殖民與內戰歷史的無數非洲國家的一道象徵，就像〈寬恕〉所言，影片中的納薩拉其實並不只是納薩拉自己，阿提和祖父也同樣並不只是他們自己。在他們各自身後，有成千上萬已然悔罪或仍舊堅信自己正確的加害者，也有成千上萬創傷未曾癒

合或在苦痛中走向原諒的受害者——我們都可能是阿提和祖
父，也都可能是納薩拉。

　　這是電影的二重性：它既寫實、又虛構；它既保存記憶、
又創造記憶；它既普遍、又獨特；它既必然宛如宿命、又偶
然彷彿機遇。觀眾總要在這二重間往返，一方面體驗著別人
的故事，一方面又驚覺竟然也是自己的故事。是的，查德距
離我們其實並不遙遠，就像曾在臺灣發生的諸種歷史距離我
們其實並不遙遠一樣。

　　電影是信使，為我們從看似遙遠的時空捎來消息，並且
盼望我們的回應。把你手上的這本書當成眼鏡戴上，重新觀
看《雨季不再來》，會發現影像畢竟不是無中生有，當創作
者扛起來自宗主國的攝影機重返祖國時，就意味著無論這個
被述說的故事如何原始而純粹，它終究是鑲嵌在殖民者所創
造的背景裡，映照著殖民者所留下的各種殘跡。但電影顯然
不是永遠等待著被歷史決定的靜物，它能夠帶領我們逆流上
溯，一步一步改寫各種給定的說法。

　　因此，儘管〈查德內戰〉訴說了在宏觀的政治與經濟結

構下，內戰是如此難以完結，電影仍然要從納薩拉和阿提出發，向歷史宿命，抗辯著從他們如此微小的個體，開啟終結仇恨輪迴的可能性。儘管〈戰爭孤兒〉陳述了直至今日，仍有成千上萬的兒童與青少年，不僅生活在戰火之中，更可能被迫成為武器，持續繁衍暴力。電影仍不願意放棄希望，讓阿提在遭受暴力之後，仍有可能因為目睹暴力的後果而願意放棄以暴制暴。這並不代表電影捏造歷史欺騙觀眾，或對政治現實全然天真無知。相反地，電影明瞭人是如何同步受到影像世界與生活世界的圈限，就像阿提對鏡舉槍，試圖進入自己應該扮演的復仇者角色，卻終究無法對門外的納薩拉下手，所以更要徹底發揮想像，讓看似穩定的現實（永恆的內戰狀態）有產生一點點縫隙（和解）的可能。

　　這其實也是一種革命──革命並不一定總是武裝，總是以火藥將現實全然炸燬；革命也可能是運用看似與歷史相悖的敘事，讓人找到一條理解歷史緣何如此的途徑，進而發現未來其實還有許多可能的版本。在查德、在臺灣、在加害者已然悔罪或仍舊堅信自己正確、在受害者創傷未曾癒合或在苦痛中走向原諒的無數所在，如詩人所說：

「這裡或那裡無關緊要／我們必須靜靜地、靜靜地開始行動」

————艾略特（T.S. Eliot）〈東科克〉（East Coker）

查德內戰

文／林靖豪

教學提示：

① 因為哪些原因，查德陷入持續不斷的內戰？內戰對
　查德社會帶來哪些破壞？

② 為什麼到了 21 世紀，全球仍然有許多地方持續為內
　戰所苦？

　　或許身在臺灣的我們很難想像，十六歲的少年阿提被要求帶著一把槍去刺殺仇人時，他的心裡是什麼感受，但是在查德，這卻可能是很多人的現實生活寫照。

　　查德脫離法國的殖民、獨立建國迄今雖然只有六十年，但大部分的時間都在內戰中度過，使其成為全球經歷過最漫長內戰的國家之一，幾乎所有查德國民都體驗過內戰的痛苦。欲了解事情何以至此，我們必須走入查德的歷史。

● 認識查德

　　查德的國名取自查德湖（Lake Chad），這座湖不但是查德境內最大的湖泊，更是撒哈拉沙漠南部最大的一個濕地區域，因此從西元前的時代開始，查德湖周圍就是中非與北非之間跨越沙漠貿易的一個重要據點，曾有許多民族在此建立大大小小的部落與王國。

　　19 世紀末，法國人開始在西非與中非擴張殖民地，花費二十年左右的時間，最終在 1920 年征服所有居住在查德土地上的部族，並將查德畫入「法屬赤道非洲」（French

Equatorial Africa）的範圍內。法屬赤道非洲是法國建立的殖民地聯邦體制，以便將擁有不同民族與文化的區域統合在一起，今天查德的國界，就是當時法國人為了分別管理法屬赤道非洲內各個地區而劃設的邊界。

目前，查德的人口數約為 1600 萬人，共有超過 200 個不同的民族和方言群體居住在此，其官方語言是法語和阿拉伯語，首都則是位在西南部的恩賈梅納（N'Djamena），恩賈梅納也是查德最大的城市，約有 150 萬的居民。

依照氣候的差異，查德大致上可以分為北部的沙漠地區與南部的雨林地區，北部靠近利比亞邊界居住的圖布人（Toubou），以及居住在東北部靠近蘇丹邊境的扎加瓦人（Zaghawa）皆信仰伊斯蘭教，在沙漠地帶過著游牧或半游牧的生活；而在查德南部的熱帶雨林區域，最大的族群則是薩拉人（Sara），薩拉人大多信仰傳統宗教，也有部分的人受到法國影響而信仰基督宗教。

法國殖民查德的主要目的是利用南方的氣候與廉價勞動力種植棉花，賺取外銷棉花的經濟利益，因此並沒有花甚麼

力氣在治理北方，這造成南北之間在國家行政能力與經濟發展上的極大落差；但另一方面，為了平息北方部落的反抗，法國給予北方一定的政治權力和自治權，卻大力壓迫南方勞動力，這些殖民者在當地社會製造的裂痕，是查德獨立後內戰不斷的根本因素。

● 從獨立到分裂：查德建國初期的衝突

二次大戰結束後，法國政府賦予查德及其他非洲殖民地有限的政治權利，讓各地合乎資格的選民能夠透過選舉產生自己的區域議會，而區域議會的議員再透過選舉成為新成立的「法屬赤道非洲理事會」的代表；不過，法國人仍然繼續緊握各區域的執政權，同時也介入主導各地政黨的運作，當時查德的主要政黨查德民主聯盟（Chadian Democratic Union），即是由法國聯合穆斯林社群領導人與傳統部落貴族組成。

儘管如此，反對法國的勢力仍然積極投入政治競爭，被法國派任到查德擔任殖民官僚的巴拿馬人加布里埃爾‧利西特（Gabriel Lisette），號召了查德境內非穆斯林的民族主義知

識份子組成查德進步黨（Chadian Progressive Party），成為查德的主要反對黨。查德進步黨起初雖受到法國政府與查德民主聯盟打壓，但在 1956 年法國政府修法擴大殖民地普選權與自治權後，查德進步黨取得人口較多的南方民眾支持，一舉成為議會最大的政黨，得以組織查德的第一個本土政府。

與此同時，查德進步黨內部也發生變化，黨內的第二把交椅弗朗索瓦・托姆巴巴耶（François Tombalbaye）逐漸掌握權力，開始挑戰利西特的領導。托姆巴巴耶出生在法屬查德南部的一個薩拉貿易商家庭，中學時被送到剛果接受教育，成為一名教師。二戰後，托姆巴巴耶回國投入民族獨立運動，加入查德進步黨，並組織工會運動反對法國政府。雖然托姆巴巴耶因此丟了教師工作，但全心投入政治運動的他很快選上議員，並成為法屬赤道非洲理事會的代表。1959 年，當查德進步黨再次組閣時，托姆巴巴耶取代利西特成為黨魁，並取得北方穆斯林勢力支持，成為查德政府總理。

1960 年，法國同意查德獨立，托姆巴巴耶順理成章成為首任總統。然而，法國殖民留下來的南北對立以及穆斯林與薩拉族之間的不信任，很快造成這個新成立國家的分裂：托

19

姆巴巴耶上任後開始排除異己，開除政府內的穆斯林官員，並修改憲法使查德成為一黨專政的政體，禁止反對黨活動。此舉引發穆斯林強烈不滿，1963 年，查德首都拉密堡（Fort-Lamy，1973 年改名為恩賈梅納）爆發激烈抗議，遭到托姆巴巴耶鐵腕鎮壓，多名北方穆斯林政治人物被逮捕，而托姆巴巴耶更趁此機會解散國會。

　　1965 年，國內政治情勢進一步惡化，原先仍由法國駐軍控制的的北部博爾庫－恩內迪－提貝斯提地區（Borkou-Ennedi-Tibetsi），在法軍撤離後隨即爆發叛亂，托姆巴巴耶派軍鎮壓當地圖布人，圖布領袖逃亡至利比亞；同時，在查德中部地區，多個村莊都爆發反對政府加稅的叛亂，迫使當地官員逃離地方政府，成為權力真空的狀態。隔年，遭托姆巴巴耶迫害而潛逃到鄰國蘇丹的穆斯林政治人物伊布拉欣·阿巴查（Ibrahim Abatcha）與其他反對者，在蘇丹宣布成立查德民族解放陣線（National Liberation Front of Chad）挑戰托姆巴巴耶政權，並在查德東部的瓦達伊地區（Ouaddai）展開叛亂活動，內戰正式爆發。

● 外國勢力介入內戰

　　無法應付叛亂的托姆巴巴耶尋求前殖民母國法國支援，
而法國很快也派軍隊前來協助政府，在法軍壓制下，反抗軍
被控制在北部山區。但與此同時，法國也要求托姆巴巴耶做
出讓步，他因此同意減低稅賦、釋放政治犯並還給穆斯林社
群部分自治的權利，這些措施一定程度上緩解了國內的矛盾。

　　然而，就在狀況看似好轉，法軍也撤離查德時，情勢
很快就急轉直下。1971 年，托姆巴巴耶宣稱破獲一樁由利
比亞政府主導的政變陰謀，隨後切斷與利比亞的外交關係，
並且公開宣布支持反對利比亞獨裁者格達費（Muammar al-
Gaddafi）的武裝團體，並挑起查德與利比亞之間的領土糾
紛。

　　事實上，利比亞本就一直想利用查德的混亂局面來獲
得利益。剛透過政變上台，在政治立場上親近蘇聯、反對美
國的格達費，一直想控制查德北部與利比亞接壤的奧祖走廊
（Aouzou Strip）地區，原因是這個地帶蘊藏豐富的鈾礦，而
鈾礦是生產核能燃料棒與核子武器的主要原料，在經濟和軍

21

事上都很有價值。格達費利用支持查德民族解放陣線作為籌碼，並提出金錢援助的條件，很快就讓托姆巴巴耶妥協，雙方在 1972 年簽訂和平條約。簽訂不久後，利比亞軍隊便進駐奧祖走廊，儘管利比亞的進軍存在爭議，但托姆巴巴耶顯然沒有採取動作對抗利比亞，查德軍方內部對此頗有不滿，也為他的倒台埋下了導火線。

經過失敗的政變後，托姆巴巴耶開始對自己的政府團隊疑神疑鬼，也再度加大對國內政治的控制，他逮捕許多一度被釋放的政治犯，還逮捕許多查德進步黨內的高層幹部，並解散了查德進步黨，另立新的執政黨。另一方面，他開始推動激烈的本土化運動，除了去除法國殖民遺產，將首都名字與他自己的名字改回本土語言外，更打壓基督教，並且要求公務員與軍人必須通過一個名叫「陽多」（Yondo）的傳統薩拉儀式，這個儀式包含許多近乎虐待的肉體考驗，也有報導指出多人在儀式過程中被殺害。這整個運動顯然成為托姆巴巴耶檢驗菁英忠誠與排除異己的工具。

最終，托姆巴巴耶的種種作為引爆了軍方的不滿。1975 年 4 月，托姆巴巴耶遭到一群青壯派軍人刺殺，軍隊擁護

曾被托姆巴巴耶逮捕入獄的前參謀總長菲利克斯·馬盧姆
（Félix Malloum）上台。馬盧姆上台後，必須同時面對利比
亞的侵略企圖以及國內的分裂僵局，他開始嘗試與反叛軍和
談，希望建立統一戰線對抗利比亞。但此時的查德民族解放
陣線已經分裂為兩個主要勢力：由古庫尼·韋戴（Goukouni
Oueddei）領導的多數派選擇與格達費結盟，而由侯賽因·哈
布雷（Hissène Habré）領導的反利比亞少數派則脫離陣線另立
組織，這兩人皆是圖布人，但分屬不同宗族。

1978 年，馬盧姆與哈布雷一度組成同盟，但隔年就因為
權力分配的問題爆發激烈衝突，雙方直接在首都恩賈梅納開
戰，韋戴也趁機介入了這場戰局，查德再度陷入混亂，約有
兩千到五千人在這場戰事中遭到殺害，更有超過六萬人被迫
流亡。最終，在法國與奈及利亞的介入下，各方勢力簽訂協
議組成過渡政府，並由韋戴擔任總統。

然而過渡政府根本無法有效治理國家，查德各地出現軍
閥割據的情形，韋戴和哈布雷很快又陷入鬥爭，格達費利用
這個矛盾再度得到韋戴的支持，增加奧祖走廊的駐軍；眼見
格達費在查德的勢力擴大，包括美國、埃及、蘇丹等反對格

達費政權的國家開始支援哈布雷，最終哈布雷在 1982 年反攻恩賈梅納，成為查德總統，韋戴則倉皇逃到利比亞。

1983 年，利比亞以支持韋戴領導的過渡政府之名入侵查德，查德內戰至此全面演變為「代理戰爭」，也就是交戰的各方背後都有不同外國政府的支持，而各國政府透過支持內戰中的一方，來阻擋競爭對手透過掌握查德政權而獲得利益。美國一方面金援哈布雷，另一方面也聯合其非洲盟友對法國施壓，要求法國派遣軍隊支援哈布雷，將利比亞軍控制在北部。這場戰爭延續了四年，1987 年，在韋戴的過渡政府軍因戰敗以及與格達費關係轉差而土崩瓦解的情況下，哈布雷成功擊破利比亞在查德北部的駐軍，收復北部領土，迫使格達費宣布停戰。這場戰役因查德軍隊屢屢採用豐田卡車作為運兵車，而以「豐田戰爭」（Toyota War）之名為世界所知。

● 難以達成的民主轉型

然而，哈布雷的統治沒能維持多久，1990 年，札加瓦人伊德里斯・德比（Idriss Déby）發動政變推翻哈布雷，原因是德比認為札加瓦的軍官在哈布雷勝利後沒有得到應得的職位；

另一方面，哈布雷在內戰期間曾下令大量虐待、殺害包括札加瓦人在內的多個種族，根據德比政府成立的調查委員會估計，大約有四萬人在哈布雷手中遇害。參考：〈正義與真相委員會〉

然而，德比取得政權後，也未能終結查德的混亂，雖然德比剛上台就宣布要在查德推動民主選舉，但他未能團結這個因長年內戰而陷入分裂的國家，也並非真的要讓出權力，許多人認為德比利用權力圖利自己的種族與親信。很快，查德南方的石油產地多巴盆地（Doba Basin）就出現反叛軍；1998 年德比與南方反叛軍簽下和平協議後，他的前任國防部長又在西北方展開叛亂，戰事延續到 2002 年才結束。

2005 年，不滿德比壟斷查德政府權位的軍人，在查德東部與蘇丹交界處再度爆發叛亂，這場內戰由於鄰近蘇丹西部同時發生的內戰而使情況變得更為險峻，查德與蘇丹之間爆發外交危機，雙方互相指控對方資助叛亂團體，衝突持續了五年，造成約二十萬人無家可歸。

長年的內戰帶給查德的是極度的貧窮，即使在 2010 年後，查德經歷了一段相對較為和平的日子，但查德人仍然生

活在極為艱困的環境中。2018 年，查德在聯合國公布的人類
發展指數排名世界倒數第三，可說是世界上最貧困的地方之
一。

● 為何終結內戰如此困難？

為什麼查德會在獨立後短短五年內就爆發內戰？而內戰
會一個接一個持續發生？社會科學的研究告訴我們，雖然宗
教、種族、文化與階級的不平等都是引起不同群體間衝突的
重要原因，但衝突不等於戰爭，要理解為什麼群體衝突會以
內戰的形式爆發，我們必須要先了解哪些條件增加了內戰發
生的可能。

史丹佛大學的費倫（James D. Fearon）與萊丁（David D.
Laitin）教授研究了全球各地 127 個內戰的案例後指出，若一
個國家的狀況越有利於發生「叛亂」（insurgency），就越有
可能爆發內戰，所謂的叛亂指的是一種特殊的軍事衝突型態，
即以農村地區為根據地的小型游擊隊對抗模式。

而最有利於叛亂發生的條件便是沒有足夠能力的國家，

所謂國家能力包含有效治理國土內每個地方、掌握國民狀況
的行政能力，也包括解決貧窮，維持政治穩定的能力。缺乏
對鄉村地區的治理和掌握，政府就無法得知游擊隊的基地，
又因為無法為鄉村帶來經濟發展，使貧困的鄉村青年容易被
反抗軍吸收，起而反抗政府。另一方面，對於反抗軍而言，
透過游擊隊的作戰模式，即便僅有少數的軍力，也能對政府
帶來重大的損害，而政府在內戰中造成平民傷亡，又會吸引
更多人加入反抗軍復仇，產生惡性循環。

　　加州大學爾文分校的弘中教授（Ann Hironaka）也指出，
「弱國家」（weak state）是造成二戰以後全球各地的內戰變
得更持久且不斷重複發生的主要原因，這裡的弱國家與前段
的意義相似，指的是沒有足夠治理能力的國家。弘中教授指
出，若一個國家的能力太弱以至於無法有效治理國內所有領
土時，那麼即使內戰暫時中止，反叛軍仍然可以找到基地隨
時準備再發動衝突；另一方面，由於反抗軍往往包含許多不
同勢力，一個能力不足的國家根本不可能滿足各方的要求，
這也是內戰無法停止的重要因素，在查德的經驗中，我們都
能觀察到這些現象。

27

　　查德建國之初孱弱的國家能力，是殖民歷史造成的結果，
而國內外各方勢力長年的衝突，更使得原本就很脆弱的國家
始終無法建立起能夠穩定社會、帶來經濟發展的能力。建立
一個穩定、不貪腐、有效能且能改善民眾生活的政府，將是
走出這個困境的起點，但要做到這件事，則需要世界各地更
多人的關注和合作。

參考資料：

Sam C. Nolutshungu, Limits of anarchy : intervention and state formation in Chad. Charlottesville: University Press of Virginia, 1996.

Fearon, James; Laitan, David (2003). Ethnicity, insurgency, and civil war. American political science review, 97(1), 75-90.

Fearon, James; Laitan, David (2006). Chad - Random Narratives. Ethnicity, Insurgency and Civil War. Retrieved from: https://web.stanford.edu/group/ethnic/Random%20Narratives/ChadRN2.6.pdf

Ann Hironaka, Neverending wars: The international community, weak states, and the perpetuation of civil war. Harvard University Press, 2009.

法國殖民

文／林靖豪

教學提示：

① 法國殖民擴張的動機是什麼？如何正當化殖民？被殖民者的生活又是如何？

② 啟蒙運動及《人權宣言》發表後，為什麼還會出現殖民這種行為？

③ 法國大革命後，法國人自詡為自由平等博愛的民族，為什麼在二戰後才逐步讓殖民地獨立？

在《雨季不再來》中，雖然我們沒有看到內戰衝突，但內戰卻是最重要的背景事件，導演也透過這部電影傳達了一種看待內戰的角度。而查德內戰的發生，其實不只與其內部的政治、經濟和社會問題有關，也和法國殖民留下的遺產有關。了解法國的殖民歷史，有助我們對查德內戰有多一層的理解，也有助於我們認識查德周邊與其有相似歷史命運的國家。

● 法國為什麼要擴張殖民地？

在從 19 世紀延續到 20 世紀中葉，強權國家競相爭奪殖民地的年代裡，法國是僅次於英國的第二大殖民帝國，其殖民地多數聚集在非洲。法國殖民非洲的歷史，要從 1830 年侵略阿爾及利亞的戰爭談起。

法國殖民阿爾及利亞的動機主要並非擴張帝國範圍，而是國內外一系列政治紛爭的結果。阿爾及利亞當時受鄂圖曼帝國的統治，但君士坦丁堡的王權對於北非是鞭長莫及，因此實際上掌握權力的是被稱為迪伊（Dey）的當地統治者。法國與阿爾及利亞間一直維持著貿易關係，但 1827 年，當迪伊

試圖向法國大使索討法國欠款遭拒時，一氣之下用他的拂塵
搧了法國大使幾個耳光，此後兩國的外交關係急轉直下，演
變為互不相讓的衝突。

當時的法國處於波旁王朝復辟的末期，國王查理十世
（Charles X）正面對反對派強烈的挑戰，為了鞏固王權，他
利用法國和阿爾及利亞之間的外交糾紛對外出兵，試圖以軍
事勝利和民族情感來換取大眾的支持。雖然法軍成功擊敗阿
爾及利亞，也獲得國內支持，但查理十世最終還是在 1830 年
的七月革命中被推翻。

法國在阿爾及利亞的殖民起初僅侷限在沿海地區的城
市，且面臨阿拉伯人激烈的抵抗，經歷了四十年的血腥鎮壓，
法國才在 1870 年代全面征服阿爾及利亞，據推估有超過八十
萬阿爾及利亞人在這個過程中被殺害。

而法國在非洲的第二個重要殖民地是西非的塞內加爾。
法國在 17 世紀時就已經在塞內加爾建立貿易據點，與內陸的
部落和王國進行奴隸貿易；19 世紀中期英、法相繼廢除奴隸
制後，奴隸貿易沒落，1854 年時拿破崙三世（Napoleon III）

命費代賀伯（Louis Faidherbe）擴大法國在塞內加爾的殖民地，以取得西非內陸的農產品，供應規模日漸龐大的商品貿易市場。費代賀伯在塞內加爾建造許多基礎建設與種植園，並在達卡（Dakar，現為塞內加爾首都）建立一座重要的貿易港口，為法國日後在西非與非洲內陸的擴張打下基礎。值得一提的是，費代賀伯與多數殖民官僚不同，他主張被殖民者應「受平等對待而不被同化」，並在達卡等四個市鎮建立了賦予原住民公民權、同時保留其習俗的制度，可是這套模式在整個法國殖民帝國也只侷限在此。

　　1880 年代，法國開始大規模擴張非洲的殖民地，工業革命帶來的新技術讓法國人有能力更深入內陸，經濟與政治環境的變化也增強法國擴張殖民帝國的動力。在經濟上，隨著全球貿易的擴大與工業化的發展，法國對於原物料以及出口市場的需求日漸提升；在政治上，法國面臨歐洲新舊帝國之間日益激烈的競爭，且 1871 年，法國在普法戰爭中戰敗並割地賠償，更促使法國以海外的征服行動來鞏固帝國的地位。

　　當時的非洲成為歐洲帝國相互競爭殖民地的舞台，這段歷史又經常被稱為「瓜分非洲」（Scramble for Africa）。隨著

英國占領了從埃及到南非、近乎縱貫非洲南北的領域，法國
則入侵阿爾及利亞周邊的突尼西亞、摩洛哥等北非地區，並
從塞內加爾向西非、中非的下撒拉沙漠區域擴張，意欲建立
一條東西向的軸線與英國對抗。此外，法國也殖民了東非的
吉布地和印度洋上的馬達加斯加島。

　　法國新占領的殖民地很快成為帝國重要的經濟來源，透
過強制勞動的制度，法國以很低的成本取得大量的熱帶商業
作物，這些產品維持著法國在全球貿易中的重要地位。

● 被殖民者的生活受到什麼影響？

　　法國以「文明教化的任務」包裝其殖民行為，大力推動
法國海外擴張的總理茹費里（Jules Ferry）稱「優越的種族有
責任教化劣等的種族」，同時他也聲稱海外殖民會為法國帶
來實質的利益，並將法國的文化推廣到世界各地。法國經濟
學家保羅・勒華－博留（Paul Leroy-Beaulieu）在其著作《論
近代民族的殖民》則稱「殖民不是征服，而是工程師與醫師
的工作」，意思同樣是殖民者為殖民地帶來的是開發與進步。

　　但被殖民者是怎麼看的呢？生於法國殖民地馬丁尼克（Martinique），並曾投入阿爾及利亞獨立運動的精神科醫師及哲學家法農（Frantz Fanon）在其著作《大地上的受苦者》這麼寫道：「被殖民世界是一分為二的世界」，殖民者與被殖民者的物質生活條件天差地遠，法國政府也未賦予被殖民者平等的政治權利，並以特殊而專斷的「當地居民法」（Code de l'indigénat）管制被殖民者，強迫勞動的情形也屢見不鮮。

　　法農也提到，殖民者一面以赤裸裸的暴力鎮壓著被殖民者，另一面更徹底否定被殖民者社會的價值，將被殖民者的習俗、傳統、神話視為「貧困、體質敗壞的標誌」，把被殖民者「非人化」，他認為被殖民者在心靈上受到的創傷，如他們在物質和權利上的匱乏般，是不可被忽視的不正義。

● 法國的殖民地如何走向獨立？

　　二次大戰對法國的殖民帝國帶來重大衝擊，除了西非與赤道非洲等遠離戰場的地方外，法國多數的殖民地都曾被其他勢力佔領，戰爭的衝擊刺激了民族主義與反對殖民、要求獨立的「反殖民運動」的發展，動搖了殖民體系的正當性。

面對這樣的局勢，法國在戰後試圖以一種新的方式重新整合廣大的帝國。

　　1946 年修正的法國憲法將過去的法蘭西帝國改為「法蘭西聯盟」（France Union），其具體的內涵是取消殖民地人民在法律上受到的差別待遇，同時給予殖民地人民部分的政治權利，開放部分的國會席次給殖民地代表。不同於英國戰後在各個殖民地各自建立地方政府分而治之的作法，法國希望將所有殖民地整合在同一個政府下，建立一個新的「聯邦」體制。

　　相較於英國，法國更不願讓殖民地獨立，失去殖民地的利益，雖然他們試圖建立一個相對平等的體制來維持對殖民地的統治，但這個計畫無法阻止反殖民運動的發展，反而引發更激烈的衝突。阿爾及利亞、越南與馬達加斯加相繼爆發反殖民的暴力抗爭，而法國則採取殘酷鎮壓的手段對付抗爭，數萬人遭到殺害。這顯示法國戰後殖民主義的矛盾性格：一方面，法國倡議建立一個民主、平等、多元的國家，另一方面，卻仍以血腥的暴力壓制反對人士。

　　阿爾及利亞的去殖民鬥爭為法國戰後的殖民政策帶來重大的影響。經歷一連串的反殖民抗爭與鎮壓的循環，1954年，一群阿爾及利亞民族主義者成立民族解放陣線（National Liberation Front），宣布對法國發動戰爭。1955年8月，民族解放陣線在北部城鎮菲利浦維爾（Philippeville）發動突襲，數十名法國公民在混亂中遭到殺害，此後法國全面升級對民族解放陣線的鎮壓；另一方面，法國也在1956年修法增加殖民地的自治權，並擴大殖民地的普選權，試圖以此平息衝突。不過法國的鐵腕和懷柔政策都沒有獲得成效，面對採用游擊戰術的敵人，法國雖然取得幾場戰役的勝利，但始終無法結束這場戰爭，為了瓦解對方組織，法國軍隊甚至屢屢採取酷刑逼供的手段。

　　1958年，一群不滿法國共和政府無力解決阿爾及利亞戰事的軍人發動政變，擁戴二戰名將戴高樂（Charles de Gaulle）上台。面對阿爾及利亞的僵局，戴高樂試圖以更高程度的放權爭取殖民地人民的支持，他上台後修改憲法，將法蘭西聯盟改為「法蘭西共同體」（French Community），給予各地區更高的自治權，包含制定自己的憲法的權利。雖然他的憲改方案在公投中得到支持，但仍無法解決法國戰後殖民

政策的一個根本矛盾：法國既不願意完全放手讓殖民地獨立，
又不願意給予殖民地人民與法國公民完全平等的權利，原因
是這樣做的成本太高，法國政府不願意在殖民地投入大筆花
費提升公共服務的水平，也無法真正接受法國成為一個多種
族、多文化的國家。這使法國在解決戰爭的談判上無法取得
進展。

隨著戰事延長，戴高樂面對來自國內外越來越強烈的壓
力，他最終決定讓阿爾及利亞人舉辦公投自行決定是否獨立，
並在這個基礎上與民族解放陣線展開和談。1962 年 7 月 1 日，
將近六百萬的阿爾及利亞人投票支持獨立，支持率將近百分
之百，7 月 5 日，阿爾及利亞政府宣布獨立。

相較於阿爾及利亞的暴力衝突，法屬西非與赤道非洲的
去殖民過程相對較為和平，主要是由受過西方教育的菁英組
織的政黨領導，其中象牙海岸的首任總統費利克斯・烏弗埃─
博瓦尼（Félix Houphouët-Boigny）扮演了重要的角色，他發起
創立的非洲民主聯盟（Rassemblement Démocratique Africain）
是法屬非洲最大的政黨，除了 1949 年象牙海岸曾發生一起暴
力衝突外，大多數下撒哈拉地區的政治改革都是透過議會達

成。不過，法國在開放選舉的過程中，也不斷拉攏菁英結盟，
打擊反對法國政府的黨派，並壓制社會動員。

在 1958 年的憲改公投中，法屬西非與赤道非洲成員有權
以公投決定是否留在法蘭西共同體中，而除了幾內亞外，其
他成員都同意共組法蘭西共同體的提案；然而，各成員國的
領導人就新的聯邦體制要如何運作無法達成共識，加上戴高
樂在經歷阿爾及利亞的衝突後，也無意再以高成本維持殖民
地，最終西非與中非的法國殖民地幾乎都在1960年完成獨立。

● 脫離殖民之後的非洲面臨什麼問題？

然而，脫離殖民後，許多非洲人民發現自由仍然遙遠，
這些新興國家要不就是由強人掌控政府，要不就是陷入激烈
的內戰衝突。

阿爾及利亞獨立後，民族解放陣線很快就立法禁止反對
黨，一黨專政近三十年左右的時間。1991 年底，原本即將舉
行的首次多黨競爭的國會選舉，卻遭到軍方政變破壞，最有
希望獲勝的反對黨伊斯蘭解放陣線（Islamic Salvation Front）

被勒令解散，這場政治衝突演變為長達十年的內戰，估計造成十萬至二十萬人喪生。內戰最後雖以政府軍的勝利結束，但時至今日，阿爾及利亞仍持續有大規模的社會抗爭，要求建立民主政府。

西非與赤道非洲國家也都經歷了類似的過程，強人統治與政變使這些國家的政權既專制又不穩定，一旦國內陷入嚴重的政治對立，很容易就演變成持久的內戰，而外國勢力的介入以及各國之間複雜的利益算計往往讓內戰更難以結束。

政治上的集權與動盪造成經濟發展停滯，多數法國前殖民地在獨立後都難以建立一個能夠穩定提供基礎建設、公共服務並保障人民財產安全的政府。許多下撒哈拉沙漠的國家雖然擁有石油、礦產等自然資源以及大批的勞動力，卻無法發展出帶動經濟成長的產業，使這個區域至今仍然是全世界最窮的地方。

儘管後殖民時代爆發的種種衝突與法國沒有直接關係，但法國留下來的殖民遺產，包含以榨取自然資源為主，高度集中在少數菁英手中的經濟體系、沒有足夠能力的孱弱國家、

被操弄的種族政治、貧窮且未受教育,難以參與政治的國民
以及失敗的民主轉型過程等,這些因素都促成了集權與內戰
的條件,從而使經濟難以發展,人民貧窮的問題也無法得到
有效的改善。

參考資料:

Robert Aldrich, Greater France: A History of French Overseas Expansion.
Macmillan International Higher Education, 1996

弗朗茲・法農(Frantz Fanon),《大地上的受苦者》,心靈工坊,2009

珍・波本克(Jane Burbank)、弗雷德里克・庫伯(Frederick Cooper),《世
界帝國二千年:一部關於權力政治的全球史》,八旗文化,2015

馬克・費侯(Marc Ferro),《向下扎根!法國教育的公民思辨課 2 —「為
什麼會有殖民地?殖民政策如何影響當今全球權力布局?」:從地理、歷
史與社會學角度,綜觀大國如何崛起》,麥田,2019

正義與真相委員會

文／孫世鐸

教學提示：

① 如果今天你是某國「正義與真相委員會」的主席，
　針對過去威權統治時期政府的許多惡行展開調查，
　卻沒有足夠的證據可以起訴那些眾多受害者已經指
　認罪行的加害者，你會怎麼做呢？

② 我們應該不斷去訴說威權統治時期各種「加害」與
　「受害」的故事嗎？為什麼？

　　《雨季不再來》的故事展開於「正義與真相委員會」宣布內戰罪行的全國赦免令，赦免令一宣布後，我們就在畫面之外聽到衝突和暴力的聲音。可以想見，民眾本來對於「正義與真相委員會」能夠為他們伸張正義抱持多高的期待，而在期待落空之後只能轉為動用私刑。那麼，「正義與真相委員會」究竟是一個怎樣的存在，為什麼會讓影片中的查德人民懷抱如此大的期待呢？

● 什麼是「正義與真相委員會」？

　　20 世紀的人類世界，特別是在二戰後的東歐、拉丁美洲、亞洲與非洲，出現了各式各樣的軍事獨裁與威權統治。在威權統治期間，這些國家並不一定沒有憲法或是法律，但獨裁者往往無視於民主國家的基礎——「依法治國」（rule of law）　參考：《超級大國民》〈戒嚴體制〉　，而任意解釋法律，甚或破壞法律運作，以鞏固自己的統治基礎，進而迫害與屠殺人民。在這個過程中，每個人都有可能遭遇獨裁者運用龐大的國家機器，進行跟蹤與監視，程序不正當的逮捕與審判、失蹤、關押，乃至處死等等，這些迫害行為的證據也時常遭到湮滅。因此，到了 1980 至 1990 年代，許多國家的威權政府

垮台，社會走向民主化後，新的執政者往往必須透過調查迫
害的歷史真相、對加害者究責、對受害者賠償、清理政府內
部的威權統治殘餘勢力等各種作為，來回應社會對於一個嶄
新民主國家的期待。然而，以上這些作為往往跨越一般三權
分立（行政、立法、司法）國家中不同機關的職權，所以，
在這段民主化之初的「轉型時期」，透過新憲法或者特別立
法來授權設立一個有時間限制和任務性的新組織，處理這些
工作，確認國民對此時期國家如何作為可以達致「正義」的
共同認知，進而順利進展到下一個階段，就成為了部分國家
採取的途徑。

　　或許我們會不假思索地認為，在從威權走向民主的國家
裡，新的執政者只要把加害者通通送上法庭審判，就能夠達
成社會的期待。若再訂定新的法律，授權設立新的組織，這
樣的運作方式顯得曠日費時。然而，「民主化」所意味的不
僅是人民擁有選舉權與言論自由而已，更不能忽略的仍然是
「依法治國」的精神。也就是說，民主政府必須彰顯出自己
和威權政府的差異：不能在沒有充分證據與正當程序下說抓
人就抓人，不然也只是在重蹈威權政府的覆轍。這顯示出這
個新組織的目標（也就是轉型正義工作的目標）不僅是在清

理國家過往的歷史，也在於尋求未來能夠真正走向民主的方法。也因此，相對於民主體制下一般的政府行政機關是以公務員所組成的官僚體系為基礎，並經由定期選舉展現不同階段民意授權的政務官所組成，日常運作也比較可單純以法律和行政慣例為指導原則；這個具有過渡性質，並非永續存在的新組織，在組成和運作上也會有所不同：它的組成必須充分反映轉型時期人民對於國家未來樣貌的期待與共同想望，而各種調查、究責、賠償的行動，一方面必須充份立基於法律、避免濫權，一方面也必須時刻對社會維持公開、對話的狀態。

因此，在從威權走向民主的國家中，如果有這樣的新組織，多半是以「委員會」的形式組成。組織的決策是由若干位在這個國家的社會中具有高度聲望的「委員」共同決定，他們的組成足以反映一個社會中不同性別、族群、黨派、意識型態的聲音。這些委員會的名稱往往由以下幾個關鍵字所組成：「歷史」、「真相」、「調查」、「人權」、「正義」、「和解」等等，隨著各個國家不同的歷史情境，而有不同的排列組合，但我們不難從中看出這些委員會被普遍賦予的期待與任務。「歷史」、「真相」是社會期待發現的事物，「調查」

是委員會最主要的權責與方法，「人權」與「正義」是社會期待委員會能帶領國家實現的價值，「和解」則是整個國家的目標與想望。然而，如同前面提到的，過往罪行的證據往往遭到湮滅，「歷史」與「真相」往往只能在經年累月的「調查」中獲取片段，加上剛上台的民主政府往往必須小心避免遭到舊勢力推翻，在難以對加害者究責與定罪的情況下，群眾不容易意識到「人權」與「正義」的實現，「和解」也就往往持續延宕。換句話說，在處於轉型時期的國家中，這些委員會時常象徵了最理想的轉型情境，以及人民心中的藍圖，但人民也常常必須面對失望、妥協與寬容。

　　以查德來說，「正義與真相委員會」是導演的虛構，實際存在的是成立於 1991 年的「（前總統）哈布雷及其黨羽罪行司法部調查委員會」，負責調查 1982 至 1990 年哈布雷（Hissène Habré）總統在位期間的非法關押、暗殺與失蹤案件，然而並未進行司法追訴。直到《雨季不再來》拍攝的 2006 年，哈布雷流亡所在的塞內加爾總統才宣布，將和查德合作成立特別法庭審理哈布雷，但他又要再到 2013 年才被捕，最終在 2016 年才被判處終身監禁。 參考：〈查德內戰〉 從這個例子我們可以看出，光是要對加害者究責，常常就需要耗費數十年

的光陰。我們可以想像，《雨季不再來》的故事在全世界可
能有成千上萬種不同的版本，影片的結局是來自於導演對終
結仇恨的想望，但這樣的想望也並不容易實現。

　　「正義與真相委員會」，其實是 20 世紀後半葉人類民主
之夢的許諾與失落。

● 以南非的「真相與和解委員會」為例

　　另一方面，當各種證據難以搜集，來自親身經歷者（無
論加害者或受害者）的證言，就變成了委員會在「還原歷史
真相」時相當重要的參考。舉例來說，成立於 1995 年的南非
「真相與和解委員會」，就以大規模地邀請見證者訴說自己
的證言著稱，並且被國際普遍認為成就卓越。然而，即使如
此，也仍有人指出，不僅並非所有想提供證言的人都會被委
員會接受，讓所謂的大規模，終究也只是整個南非四千萬人
口的 0.05%（兩萬一千多人）；就算是在已經被提供給委員會
的證詞中，亦只有少部分會在委員會最後的總結報告中被引
用。而且對許多人而言，委員會如何選擇要引用的證言，也
並沒有足夠透明的過程與標準。換句話說，「真相」可能並

不如直覺所想像的那麼純粹，而是蘊含許多委員會成員期待建構的歷史圖像。它是一種經過價值判斷與選擇之後的結果，而不是一件安穩地隱藏在地底只待眾人挖掘出土的古物。

　　這正是為什麼委員會的行動必須持續對社會公開。在 20 世紀的威權統治下，其實並沒有任何一個國民能夠從獨裁者箝制思想自由與資訊流通的羅網中脫逃。在這種封閉而龐大的社會結構裡，除了直接的加害者與受害者外，每個人都有可能成為潛在的加害者與受害者，而且並不明白自己的遭遇其實並非孤例。更有甚者，即使安分度日的普通人，也可能在長年的壓抑與恐懼下，留下對公共事務冷漠的心理創傷。所以，即使並非每個人都有意願提供證言，但每個人都應該有機會去理解，在威權統治時期，自己和國家的關係究竟是什麼，也才能進一步思考，在未來自己和國家的關係又會是什麼，而委員會如何為此做出判斷與選擇。這也是為什麼，也有人會批評南非的作法，由於只凸顯少數的案例，而讓受害群體變得個體化，只是單純被「一個加害者」所害，反而簡化了南非種族隔離政策如何結構性地剝奪一部分國民應有的權利。

　　南非的例子更值得我們注意的是，就像前面所說，委員會肩負了社會對於一個嶄新民主國家的期待，所以不只是如何共同想像「民主」，如何共同想像「國家」這種由一群人組成，並且共同生活的群體的發展與未來，也成為了在南非這種歷經種族隔離的國家中，委員會的自我期待。舉例來說，南非的「過渡憲法」（Interim Constituion of 1993）就載明「真相與和解委員會」在於追求「國家統一與和解」。因此，對委員會而言，見證者的證言不僅是為了證實「歷史確實發生過」而述說，更是為了「讓所有南非人具備共同的記憶」，以讓所有南非人能夠共同走向未來的「新南非」。而委員會「以特赦向加害者換取交待罪行」 參考：〈寬恕〉及〈赦免〉 的特殊機制，也有類似的「走向和解」意涵：儘管特赦對受害者家屬來說難以接受，對於國家如何正視過往的罪行以往前走，卻又不得不為。至此，委員會與社會之間的關係已變得相當複雜，它一方面必須去反映社會的想望，一方面也不斷重新形塑社會的想望。換句話說，在轉型時期，一個存在感強烈的「正義與真相委員會」甚至可能發揮比政府本身更大的力量，對一個世代的政治局勢走向，產生主導性的影響。

　　那麼，你能夠想像《雨季不再來》影片中的查德人民，

為什麼對「正義與真相委員會」懷抱這麼大的期待了嗎？

● 臺灣的「促進轉型正義委員會」

　　臺灣儘管和許多國家類似，在 1980 至 1990 年代走向民主化，然而我們卻有著和大多數當時的民主轉型國家不同的命運。由於臺灣的民主化是以威權政黨轉型的方式完成，對當時的執政黨而言，並沒有以成立類似「正義與真相委員會」的機制，來進行自我清算的誘因與動力。加上臺灣的白色恐怖統治透過高度精細的監控技術運作，真正被入罪的人也是社會上的少數，大多數人民並不會太意識到自己究竟身處在怎樣的歷史情境中，所以在轉型時期，不容易引起社會共鳴的「轉型正義」也就並未成為反對黨主要的政治倡議。直到 2018 年，臺灣才終於成立和「正義與真相委員會」意義相近的「促進轉型正義委員會」。相對於國際社會，這可說是個遲到了四分之一個世紀的委員會。而且我們還可以想像，即使在人民對於創造嶄新國家擁有巨大熱情與動力的轉型時期，轉型正義都並未成為臺灣社會的焦點，在人民已經對「民主」感到非常習慣而近乎自然，社會似乎已經「完成轉型」的今天，臺灣就更加欠缺像《雨季不再來》影片中的查德人

民一般的動力，讓促進轉型正義委員會有充足的民意後盾，
能夠去引領社會共同討論這些議題：是否應該對白色恐怖時
期嚴密的加害體制內的每一個加害者究責？是否應該賠償受
害者所有他們當年被政府沒收的財產？是否應該清理政府內
部的威權統治殘餘？而這些工作又能對今日的臺灣創造什麼
意義？

　　從南非和各國的例子來看，固然人民往往對屬於他們的
「正義與真相委員會」有失望、有妥協，然而委員會仍舊是
各國在民主體制尚不穩定的轉型時期，鞏固民主並且確立法
治的重要機制之一。但這是否就表示在民主體制已經相對穩
固（歷經七次總統全民直選、三次政黨輪替）的臺灣，「正
義與真相委員會」已經不再重要了呢？其實，考慮到面對過
去時臺灣社會仍然分歧的歷史記憶、當下尚未明確的國家地
位，以及未來仍將艱困的地緣政治處境，我們雖然已有相對
成熟的民主形式，但對於前面提到的這些議題，人們顯然仍
有相當不同的看法。也因此，比起 1990 年代的各國，今天
臺灣版本的「正義與真相委員會」，除了和國際經驗相同，
必須究明迫害的歷史真相之外，更需藉此帶領我們重新共同
思考：過去在威權統治者隱蔽下，造成人民對於白色恐怖歷

史的多樣記憶與詮釋，人們能夠相互傾聽與理解嗎？不同時
代的政治行動者如何思考國家和人民的關係，提供今日的我
們什麼啟發？我們要如何設計出更良善的民主體制，來防止
威權統治再次發生？而這些問題終究共同指向：我們希望未
來的臺灣是個什麼樣的國家？換句話說，如果轉型正義曾在
1990 年代為許多國家許諾了民主，那麼，它也應當為當今的
臺灣如何走向更健全的民主，指出一條前進的道路。

參考資料：

茉莉‧安德魯斯（Molly Andrews），《形塑歷史：政治變遷如何被敘述》，
聯經出版，2015

臺灣民間真相與和解促進會，《記憶與遺忘的鬥爭：臺灣轉型正義階段報
告》，衛城出版，2015

璐蒂‧泰鐸（Ruti G. Teitel），《轉型正義：邁向民主時代的法律典範轉移》，
商周出版，2017

伊斯蘭教

文／林靖豪

教學提示

① 伊斯蘭教的起源是什麼？世界各地的穆斯林如何在日常生活中實踐信仰？伊斯蘭的宗教經典對穆斯林的生活又有什麼影響？

② 伊斯蘭教如何看待罪、救贖、復仇、寬恕這些觀念？伊斯蘭的經典能夠解決現代社會的問題嗎？

　　罪、救贖、復仇與寬恕是貫穿《雨季不再來》的主題，在彼此交流、相處和理解中，阿提與納薩拉不斷試圖去回答這些難題：如何看待自己的罪？如何能夠得到救贖？對於傷害自己的仇人，應該要報復，還是要選擇寬恕？這些問題沒有標準答案，但要進一步理解影片中角色的想法，我們就必須更理解他們所處的重要文化背景——伊斯蘭信仰。

●伊斯蘭信仰的根源：穆罕默德與《古蘭經》

　　伊斯蘭教是全球第二大宗教，信奉伊斯蘭教的信徒被稱為穆斯林，約有十八億人，而世界上有四十九個國家的國民中穆斯林占了多數，這些國家大多分布在非洲、中東、中亞、

南亞與東南亞。

　　如同尤太教與基督教，伊斯蘭教也是一神信仰的宗教，其中《古蘭經》（Quran）是伊斯蘭的信仰核心，規範著伊斯蘭信仰的內涵。要了解《古蘭經》，就先要認識伊斯蘭教中最著名的先知穆罕默德（Muhammad），以及他的經歷。

　　穆罕默德約在西元 570 年左右出生在麥加（Mecca）的一個小氏族，而麥加是阿拉伯半島上重要的貿易城市，來自不同地方的人之所以聚集在麥加，是因為在麥加有一棟正方體建築「卡巴天房」，對於許多不同信仰的阿拉伯部落來說，卡巴天房都是他們的宗教聖地，每年都有許多人來此朝聖，使麥加的商業跟著蓬勃發展。青年時期的穆罕默德就是一個商人，在當地的社群中有一定地位。不過，穆罕默德在四十歲左右時，開始到麥加外的山洞獨自冥想與禱告，在這個過程中，他透過天使加百列得到了來自上帝的啟示，他將這些啟示記錄下來，成為《古蘭經》最早的篇章。

　　大約在西元 613 年左右，穆罕默德開始在麥加公開傳教，吸引了一小批的信徒，此時他的宣道內容是要人們順從唯一

的神，並警告人們行不義之事會得到的可怕後果。然而，穆罕默德的宣教引起許多麥加人的不滿，因為穆罕默德的一神教思想威脅了麥加作為各部族舉行「異教儀式」的聖地地位，也就威脅了麥加人的經濟利益。

西元 622 年，被迫害的穆罕默德逃離麥加前往另一個沙漠城市麥地那（Medina），麥地那的阿拉伯部落接納了穆罕默德，並邀請穆罕默德擔任解決部落間衝突的調停者角色，在麥地那，穆罕默德逐漸壯大了伊斯蘭信仰，並建立了穆斯林宗教社群「烏瑪」（Ummah）。在穆罕默德的領導下，麥地那的各個部落整合成一個統一的政治體，穆罕默德也制定了被稱為「麥地那憲章」的法律，以確保社會秩序。此後麥地那的實力逐漸擴大，深感威脅的麥加人曾聯合起來對麥地那的伊斯蘭政權發動多次戰爭，但卻屢屢戰敗。西元 630 年，穆罕默德征服麥加，摧毀了卡巴天房的異教偶像，確立了伊斯蘭教在阿拉伯世界的地位。

《古蘭經》記錄了穆罕默德曾說過的關於伊斯蘭信仰的教誨，而穆斯林認為《古蘭經》所記述的內容就是真主所要傳達的訊息，真主透過穆罕默德這個最後一位先知，將其意

旨傳達給世人，此後沒有人能直接傳達神的意旨，因此任何
關於伊斯蘭信仰的神學討論必定是建立在《古蘭經》的基礎
上，不能超出《古蘭經》的範圍。

　　雖然伊斯蘭世界有共同的起源和基礎，但穆罕默德去世
後，隨著伊斯蘭王朝的遞嬗，以及伊斯蘭教在世界的傳播，
伊斯蘭世界也發展出多元的樣貌。遜尼派（Sunni）和什葉派
（Shia）是最大的兩個伊斯蘭派別，遜尼派約佔全球穆斯林的
85% 至 90%，什葉派佔 10% 至 15%，兩者主要的差別在於對
誰能領導穆斯林社群的觀點不同。這個分裂源自穆罕默德死
後的繼承問題，什葉派認為只有穆罕默德的家族後代有資格
領導穆斯林，遜尼派則認同其他繼承阿拉伯王朝領導地位的
領袖「哈里發」也都有正統的領導地位。

　　兩派分離後，各自形成不同的信仰權威體系，在遜尼派
或什葉派的內部，也有很多不同的派別，對於《古蘭經》的
詮釋和對伊斯蘭信仰的實踐都有所不同。今天，伊斯蘭教在
世界各地發展出各種不同的形態，有如沙烏地阿拉伯、伊朗
等仍然保留政教合一體制的國家，也有像東南亞的印尼、馬
來西亞等以伊斯蘭為主要宗教，但也與其他宗教共處的社會，

呈現出多元的樣貌。

● 伊斯蘭信仰的實踐

　　穆罕默德死後，隨著穆斯林社群繼續蓬勃發展，作為虔誠信仰象徵的宗教義務也逐漸形成，伊斯蘭的宗教義務主要有被稱為「五功」的五種行為，包含唸誦證言（唸功）、禮拜（禮功）、施捨（課功）、齋戒（齋功）與朝覲（朝功），透過落實五功來深化伊斯蘭信仰，是世界各地不同地方的穆斯林所共享的價值。在《雨季不再來》影片中，納薩拉的生活就具體呈現了虔誠的穆斯林的日常生活，接下來讓我們透過了解五功的內涵，更進一步地進入電影中的世界。

　　第一功「唸功」指的是誦讀「清真言」，清真言的內容為「萬物非主，唯有真主；穆罕默德，是主使者」，一個人若要成為穆斯林，必須在證人前唸誦清真言三次，且必須終身牢記這個句子，所有穆斯林的禱告也都從這句話開始。清真言界定了伊斯蘭教一神信仰的本質，以及對穆罕默德先知地位的確認，這個簡單而明確的訊息讓全世界各地的穆斯林得以形成共同的認同社群，因此是伊斯蘭信仰最重要的基礎。

第二功「禮功」則是穆斯林每日例行的禮拜儀式，原則
上來說一天需做五次禮拜，禮拜前要淨身，禮拜必須朝麥加
的方向做，肢體動作也有規範，若情況允許，禮拜儀式必須
在清真寺完成。禮功是五功當中第二重要的部分，因為規律
的禮功不但是順從神的象徵，禮拜過程中的冥思與禱告，也
是穆斯林反思與強化信仰不可或缺的過程，透過禮拜，穆斯
林可以直接與神接觸，不需要由任何神職人員中介。

　　在電影裡，阿提第一次見到納薩拉時，納薩拉正要出門
到清真寺禮拜，阿提一路跟著納薩拉，當他們越來越靠近清
真寺時，背景唸誦經文的聲音也越來越大，鏡頭隨後轉向一
座塔，我們可以看到經文是透過塔上的擴音器播放，也可以
看到許多人在清真寺裡外做禮拜，阿提則在後面徘徊觀察。
　　平常每日一到要做禮拜的時間，清真寺的宣禮員都會在
呼禮塔，也就是我們在電影裡看到的那座塔上，透過廣播唸
誦阿拉伯語的宣禮詞，讓穆斯林都能聽到禮拜的呼喊。

　　接著，阿提和納薩拉的第一次互動是在納薩拉將麵包分
送給小朋友的場合，阿提拿了一塊麵包，卻一口一口把麵包
吐掉，最後把麵包扔在地上。對納薩拉的質問，阿提只回答

了一句「我不需要你可憐」。

　　不過，納薩拉的行為其實並非僅是出於可憐，而是在實踐五功的第三功：「課功」。課功指穆斯林的義務捐贈，又稱為天課，天課是一種財產重分配的機制，收入在一定標準上的穆斯林都必須支付，以救助貧困穆斯林的生活，其意義除了表達對主的崇敬、淨化自身的貪婪外，也有強化社會團結的重要作用。除了天課之外，穆斯林也可以額外再做自願的布施，就如同納薩拉的作為。

　　納薩拉在日常的工作中，逐漸把阿提當成自己的家人，其中一個關鍵的事件是他告訴阿提自己因為身體傷痛，一個人齋戒很不好受，希望阿提能在齋戒時陪他。

　　這裡的齋戒即是第四功「齋功」，穆斯林每年必須在伊斯蘭曆第九個月時齋戒一個月，在齋戒月（Ramadan）時，白天必須完全禁食，也必須停止其他感官娛樂，每日亦必須唸誦《古蘭經》；不過在當代社會，穆斯林可以依自己的狀況調整如何實行齋戒。而齋戒月結束的次日即是開齋節，這是穆斯林一年中最盛大的節日，大家會盛裝打扮舉行宴會，

一些地區也會開辦盛大的集市。

　　最後，第五功「朝功」指穆斯林只要有能力，一生中至少必須到麥加的卡巴天房朝聖一次，這是團結全世界各地穆斯林的重要儀式，對於很多朝聖者而言也是一生中重要的靈性旅程。朝聖必須在伊斯蘭曆的第十二個月進行，每年都有數百萬穆斯林在朝聖月時聚集在麥加。

●伊斯蘭律法

　　除了五功以外，在部分的國家或地區，伊斯蘭信仰還成為法律的原則，約束穆斯林的日常生活，某些國家的伊斯蘭法甚至能適用非穆斯林的國民。伊斯蘭律法被稱為沙里亞（Sharia），沙里亞是涵蓋日常生活所有面向的準則，其將人的行為分為義務、嘉許、默許、可憎、禁制等五類，也就是說沙里亞不但規定義務和禁止事項，同時也積極提倡人的美德。

　　《古蘭經》固然是沙里亞的重要依據，但其本身並非律法文集，僅靠《古蘭經》很難處理社會生活的複雜情況，因此沙里亞更多是引用「聖訓」（Hadith）來立法。聖訓是穆

罕默德的言行錄，記錄他對許多情況的判斷與裁決，這些記錄首先由穆罕默德的門徒透過口語傳承，再由早期的伊斯蘭學者蒐集整理並編纂成冊。聖訓在伊斯蘭信仰中的地位僅次於《古蘭經》，其中完成於 9 世紀的《布哈里聖訓》與《穆斯林聖訓實錄》是最著名並備受尊敬的兩本聖訓，而不同的伊斯蘭教派各自都有不同的聖訓經典。

當然，隨著社會的變化，一千多年前寫下的聖訓仍需要不斷被重新詮釋和補充以適應新的情況，在伊斯蘭世界，負責這個工作的是被稱為烏拉瑪（Ulama）的伊斯蘭學者，某些被認可的烏拉瑪能夠透過釋法或發布教令的方式補充沙里亞的不足。

不過，沙里亞的施行在當代社會仍然有很多爭議，《古蘭經》和聖訓固然是穆斯林信仰的根基，但當時的社會和現代已經有很大差異，很多觀念或處罰甚至與現代社會的普世價值有所衝突，例如對女性社會生活的限制，或丟擲石塊這種處罰。

最後，我們簡短討論伊斯蘭教中的「吉哈德」（Jihad）

這個在九一一事件後廣為人知，至今都備受關注的概念。雖然吉哈德常被譯作聖戰，但其真正的意思是「奮鬥」或「掙扎」，這個奮鬥包含兩種層面的意義，首先是自我層面的奮鬥，即追求道德人生的奮鬥；其次是保衛信仰的奮鬥，即透過武力保衛伊斯蘭信仰的奮鬥。

　　在穆罕默德的年代，吉哈德的這兩個意義是緊密連結的，因為穆罕默德在成為先知後，終其一生都為保衛伊斯蘭信仰而與麥加和其他部落武力爭鬥，但在現代，如何詮釋吉哈德成為一個非常複雜的問題。伊斯蘭世界與基督教世界經過漫長的相互戰爭、征服的歷史，到了 21 世紀，政治對立與文化衝突問題仍沒能解決，這樣的局勢使某些極端主義者總能持續以吉哈德之名召喚信徒加入武裝衝突，但我們必須要理解的是，雖然吉哈德的確有武力爭鬥的意義，但大部分的穆斯林並不認同以暴力作為奮鬥的手段，關於吉哈德的意義也有很多不同的討論。

●罪與救贖、復仇與原諒

　　回到電影，阿提與納薩拉初次一起做麵包後，納薩拉問

阿提要不要去清真寺，阿提只冷冷地回了一句「即使去清真
寺也贖不了罪」，但對於納薩拉而言，上清真寺或許是他所
能做的最重要的贖罪方式。

　　罪與救贖在《古蘭經》中是一個重要的主題，不同於基
督教中有原罪的概念，伊斯蘭教對罪的理解來自個人的作為，
若一個人所做的善事多於惡事，會在審判日得到真主獎賞進
入天堂；反之，做的惡事多於善事者，將會下地獄受苦。而
在《古蘭經》中，罪惡有大小之別，其中偶像崇拜、殺人、
墮胎、收取利息以及未繳交天課、未行禮拜等不虔誠的行為
被視為重罪。

　　不過，做了惡事的罪人，若真心悔改並虔誠信主，將能
得到真主的寬恕。《古蘭經》是這麼說的：「誰作惡或自欺，
然後求安拉（真主）寬恕，他將發現安拉是最寬恕的，特慈
的。」（4: 110）^{（註1）}「唯悔過自新、信仰並行善者例外，這
些人，安拉將把他們（過去所幹）的罪過變為善功。安拉是

註 1：譯文引自《古蘭經》馬仲剛譯本。

最寬恕的，特慈的。」（25:70）

　　罪人若要得到救贖，就必須向真主悔過、請求寬恕，也必須行善，謹遵真主的教誨。前面曾提到，落實五功是穆斯林的義務，也是宗教虔誠的證明，在《雨季不再來》中，我們可以從這個角度看待納薩拉的贖罪，他謹守宗教義務，每天上清真寺禮拜，也遵守課功的要求，為貧窮的孩子提供麵包。當然，他的悔改必須是出自真心，才可能在最後審判得到寬恕。

　　不過，《古蘭經》這樣的罪與救贖的觀念，並不是毫無爭議。敘利亞詩人阿多尼斯（Adonis）如此說道：「當經典中出現寬容、憐憫的詞彙，總有附帶條件：絕對服從伊斯蘭及其戒律。這是寬恕的代價。」以絕對的服從換得寬恕，在這個過程中人性是否被禁錮了？是否也將某種暴力正當化了？這是非常值得反思的問題。

　　那麼，伊斯蘭教又如何看待復仇與原諒？《古蘭經》如此說道：「我在《討拉特》中為他們規定：『以命償命，以眼償眼，以鼻償鼻，以耳償耳，以牙償牙，一切創傷皆以

同樣的抵償。』誰以施捨代替報復，這是對他的贖罪。誰未依安拉所降示的（經典）判決，這些人確是不義者。」（5:45）「你們不要殺害安拉禁止殺害的生命，除非是為了正義。」（6: 151）「惡行應受同樣的惡報（懲罰）。誰原諒並和解，安拉必報酬誰。」（42: 50）

　　《古蘭經》容許以對等的報復作為懲罰，也就是說以命償命合乎伊斯蘭正義觀，在《布哈里聖訓》中也提到，以命償命是合乎正義的殺戮，是真主允許的殺戮。然而，我們也要注意到，《古蘭經》更鼓勵寬恕罪行，因此一個人若寬恕另一個人，其寬恕能夠抵償自己的罪惡，能夠得到真主的報酬。

　　這樣的精神也體現在伊斯蘭律法中，以牙還牙的概念在沙里亞中稱為「基沙斯」（Qisas），伊朗、沙烏地阿拉伯等某些國家的刑法中仍有基沙斯的條款，例如在法庭的同意下，謀殺案被害者的家屬可以對兇手行刑，但若被害者或其家屬選擇原諒，則可以撤回執行。

　　不過，寬恕的意義不只是選擇不報復而取得道德酬賞，

也不僅僅是無條件的原諒，除了以牙還牙之外，還有什麼方式可以落實正義，這些問題都不是僅靠《古蘭經》或沙里亞就能回答的，還需要更多的穆斯林積極反思宗教經典如何與現代社會的問題對話，或許這也是導演在電影中留下來的一個問題。

參考資料：

雷薩・阿斯蘭（Reza Aslan），《伊斯蘭大歷史：穆斯林的信仰故事與改革之書》，衛城出版，2018

卡蘿・希倫布蘭德（Carole Hillenbrand），《伊斯蘭新史：以 10 大主題重探真實的穆斯林信仰》，貓頭鷹，2018

阿多尼斯（Adonis）、胡麗亞・阿卜杜瓦西德（Houria Abdelouahed），《暴力與伊斯蘭：阿多尼斯與胡麗亞・阿卜杜瓦西德對談》，南方家園，2018

復仇

文／馬翊航

教學提示：

① 你曾經看過哪些主題關於復仇的影集、電影、小說？裡面的人物為什麼復仇？完成「復仇」之後，他們的生命狀態有什麼樣的改變？

② 你認為國家執行刑罰，是為了替受害者復仇嗎？你的理由是？

在《雨季不再來》裡，阿提與祖父聽到廣播頒布了內戰罪犯特赦令，在戰爭中殺害阿提父親的仇人納薩拉沒有得到應有的制裁，祖父託付阿提前往納薩拉居住的恩賈梅納，進行復仇任務。電影中虛構的「正義與真相委員會」是為了凸顯現代國家對內戰罪行的「不處分」，對人民所造成的傷害。導演在一場訪談中說，他認為「大赦」其實含有某種不人道的成分，看似抹除過去的罪行與刑罰，但許多人內心的傷害與記憶是沒有辦法抹除的。存在其中的道德疑問是：「當犯了錯的人不受處分，我們如何無謂地繼續生活？」

馬哈麥－薩雷‧哈隆（Mahamat-Saleh Haroun）不是第一個處理這個主題的導演，在小說、影視、動漫作品中，「復仇」是常見的主題，也為觀眾帶來強烈的娛樂與快感。經典的女性暴力復仇電影《我唾棄你的墳墓》（I Spit on Your Grave），女主角為了報復強暴她的罪犯，以極度強烈的手段一一對施暴男性進行復仇。血腥鏡頭帶動感官反應，當觀眾看見女主角成功復仇、大快人心時，也對照了現實生活中，女性在性暴力陰影下的無力與噤聲。復仇的方式有時突破現實世界人類能力的限制，例如超能力（《魔女嘉莉》）或者鬼魂（《七夜怪談》）。有些透過嚴密的佈局與施行（《告

白》、《龍紋身的女孩》），有些則牽涉到幫派政治、或跨越世代的家族血債（《教父》）。但無論如何，復仇題材的創作，復仇者所欲報復的仇恨，多數是因為自己、愛人與血親所遭受的強大傷害。我們能不能「有仇必報」？復仇是為了「滿足」什麼樣的情緒呢？

● 為何復仇？

復仇的情緒基礎，來自於個人肉體或情感疆界被侵犯的強烈憤怒。憤怒是一種應該被壓抑的負面情緒嗎？許多學者也指出，人類的負面情緒（如憤怒、復仇），可能具有正面的動力與價值。在復仇的情緒背後，也涵蓋了「確保自尊」、「自我防衛」、「對群體道德秩序的尊重」等意義。正如哲學家瑪莎・納斯邦（Martha C. Nussbaum）在《憤怒與寬恕》一書中，引用亞里斯多德在《修辭學》中對憤怒的觀察「一種想要報復且伴隨著痛苦的慾望，因為想像自己被那些毫無正當理由的人給傷害了。」憤怒往往涉及被輕視與貶低的情緒，以及在自己或親近的人身上被施加的痛苦與不當行為。憤怒情緒常與復仇相伴，為了讓報復的對象承受相同的痛苦，或貶損報復對象，使其地位降低。[註1]

81

　　復仇不只是報復個人所受到的痛苦與損傷，也涉及人群與人群之間的複雜互動。例如學者謝劍在討論廣東連南瑤族傳統社會的械鬥狀況時指出，在尚未發展出中央集權的政治組織、司法體系的社會中，宿仇或者血族復仇（以血還血之意）是社會控制的手段之一。由於人們害怕宿仇的發生，也就讓人群對自身的行為產生戒懼作用，也使部族之間的對抗維持平衡關係。臺灣大學中文系教授李隆獻對古代中國的復仇觀，則進行了一系列嚴謹的論析。世界各種文明體系中皆存在復仇文化，早期的復仇文化與家族、種族的自保密切相關，除了本能性的對入侵、迫害的反擊，也會發展出神聖與儀式性；族群與族群之間幾近滅族的爭鬥，則出自預防「被復仇」的自保。「此仇不報非君子」、「君子報仇十年不晚」是我們日常生活中熟悉的說法。世界各地的復仇觀多以血緣關係為基礎，但李隆獻指出，古代中國的社會關係由於「五倫」的倫理結構，使得古代中國的復仇制度，產生了獨特的「跨越血屬」的特質，非血緣復仇包括了為養父、為夫、為君、為主、為師／師之子、友／友之父等類型（例如高漸離為荊軻刺殺秦王，就是「為友復仇」的經典個案），在東漢，這種為師／友復仇的風氣，也反映了當時士人崇尚激揚氣節的士風。[註2] 既然復仇是基本的人類情緒，也是人類社會發

展過程中，為了自保、反擊迫害、社會控制的自然現象，那為什麼在現代社會中，幾乎全面禁止私人的復仇行為呢？

● 復仇與公權力

以復仇為主題的作品，重要的元素之一是如何憑藉「一己之力」來復仇。一如《雨季不再來》，因為國家（或者統治集團、掌握公權力者）沒有辦法透過執法，來應對與平復被害者的傷害，因此必須透過私下的復仇來平息傷痛。但在現代社會的政治體系中，必須透過公權力來侷限暴力（或者如韋伯所說，暴力被國家所壟斷），並禁止私人的復仇。法

註1：例如電影《黑金企業》中的採油商人丹尼爾，並未應允對神父伊萊許下的捐款承諾，並且羞辱、毆打前來索求捐贈的伊萊。日後當伊萊的教會持續壯大，丹尼爾與出售土地的虔誠教徒交換條件，不得不加入教會，而在佈道過程中遭受神父伊萊羞辱式的報復。

註2：李隆獻在第一章〈「五倫復仇觀」的源起與嬗變〉中，即指出許多學者同時討論報恩、報仇、報應等「報」的概念，包括楊聯陞、文崇一、劉兆明、黃光國等人，但李隆獻指出，這些對於「報」的討論，許多集中於交換、互惠、報恩、報答等正面行為。但他認為涵蓋正面意義的「還報」與負面的「報仇」，其實原始形貌並不相同（例如復仇在早期社會的發展，出於生物性的種族、家族自保），但因為概念有一致之處，所以有了互涉的情形。

國人類學家勒內‧吉拉爾（René Girard）關於「替罪羊」的
理論，說明了人類社會裡，如何以「替罪羊」的儀式，來達
到遏止暴力、終止私人復仇、合法統治的效果。暴力與復仇
行為將會開啟永無止盡的循環：你殺了我兄弟，所以我要殺
了你——復仇的風險將是暴力的無窮複製。為了避免社會的
崩潰，當權者必須沒收復仇權，終結循環。設定「代罪羔羊」，
就是沒收施暴權的一種有效方法。宗教祭典中的犧牲與獻祭，
是一種宣洩的操作。當替罪羊被消滅，群眾的憤恨就可以有
效地達到消除，替罪羊的有罪與無罪，並不真的那麼重要，
重要的是宣洩與形式。是否覺得這樣的情況有些似曾相識？
有許多冤案的審判，也出自於這種尋找「替罪羊」的心態。
我們需要留意，是否為了消解暴力，卻帶動製造了另一種暴
力？因此在現代司法的系統中，我們必須要不斷提醒，是否
真正選擇、找出了罪魁禍首，而非只是陷入懲罰與宣洩的情
感中。即使公權力禁止了私人復仇，但對犯法者、施暴者所
執行的懲罰，群眾也往往有「一報還一報」的心態。

　　此外，我們也可以思考，「一報還一報」的應報方式是
否合理？為什麼「以眼還眼，以牙還牙」的法則，在當前是
不適用的？吳俊傑在〈「以眼還眼，以牙還牙」——應報符

84

合公平正義嗎？〉一文中，以人權的標準為我們說明，為什麼這樣的「應報」概念會被國際人權公約禁止：在世界人權宣言第五條，以及臺灣在 2009 年立法院批准的「公民與政治權利公約」第七條中，明白宣示任何人不得施以酷刑，或予以殘忍、不人道或侮辱的待遇或刑罰。因此即使犯人以殘忍的方式施暴，亦不可施以同樣的毀損與傷害。若我們接受了以暴易暴的方式，也就等於複製了更多的偏差與罪行。

如何透過公權力實施刑罰，仍然存在許多爭議的空間。如果我們同意，由國家來侷限暴力，是終止私人復仇的一種方式，那麼國家執行的刑罰，是否有辦法對應受害者／群眾所受的傷害呢？「死刑」或者「刑罰」，是不是代替受害者執行復仇的一種方式呢？日本法律學者森炎在《死刑肯定論》一書中，他試著解釋為何日本的主流民意是支持死刑。其中重要的理由正是，既然國家收回了人民復仇的權利，那麼本應執行其代理權，以替代受害人遺屬的復仇情感與大多數的社會共感。

森炎的論述不見得完全沒有缺點，在臺灣版本《死刑肯定論》的序言中，朱家安就以〈「代理復仇」能證成死刑嗎？〉

質疑森炎的論點，包括「刑罰是不是國家代理復仇？」（因
爲國家只是收回了竊盜、傷害、殺人的執行力，如果復仇的
手段並不違法，法律並未禁止。）；「國家因為收回復仇權，
因此必須『代理』我們的復仇權」（但國家也禁止我們竊盜
與歧視他人，那國家是否需要替我們代理竊盜與歧視呢？）；
「如果國家有代理復仇的責任，那什麼樣的復仇才是合理的
復仇？」（為何死刑是合理的復仇，而終身監禁不算？）。
在臺灣討論死刑爭議，也必須思考群眾的心理狀態。除了復
仇的情緒之外，支持死刑的心理基礎，也來自強烈的不安全
感（如果犯人沒死又出來殺人呢？），這種對於陌生他者的
恐懼，也往往在集體情緒中被強化。犯罪者必定需要受到懲
罰，但懲罰的程序與正義，是否受到「復仇」情緒的影響或
干擾，混淆了我們對於人權、執法的原則與基準，則是我們
需要保持警覺的。

● 如果不復仇？

　　圍繞著復仇的難題是，如何終結暴力的循環？如何修補
被害者所受到的傷害？如果復仇是艱難的，我們應該如何轉
化我們的情緒，讓憤怒轉化為更具建設性的行動，使社會的

運作機制與規範變得更加完善？瑪莎・納斯邦在《憤怒與寬恕》提出了複雜的論辯來回應。值得留意的是，「寬恕」並不是傷害與復仇的完美解藥，例如必須讓對方悔過認錯，才能放棄憤怒的「交易式寬恕」（transactional forgiveness），仍然可能存在報復的缺陷。她理解愛與寬恕的艱難，因此以深刻、多面向的論辯來指出憤怒的陷阱與可能的方案。

　　我們不妨回到《雨季不再來》的最後一幕，來思考復仇與寬恕的複雜性。阿提將納薩拉帶到荒原裡，在祖父的「面前」開槍，假裝殺死了納薩拉。最後阿提挽著祖父的手臂走入沙漠，消失在觀眾（或納薩拉）的視野裡。祖父的盲眼，讓阿提不用真正殺死納薩拉，而透過形式上的行刑／復仇，處死了納薩拉。對祖父來說，他滿足了漫長人生中等待的仇恨，阿提則免去了因為殺人而帶來的另一種罪疚，或者陷入復仇的恐懼循環中。但另一種可能是，目盲但敏銳的祖父是否可能透過鳴槍的聲響，知道阿提並未真正殺了納薩拉？祖父未曾檢查死者的狀態，向阿提追問復仇的證據，也可能暗示了他的寬恕。當然「寬恕」，其實是我們思考復仇行動時，同樣需要抱持懷疑的心理。我們是否因為對被害者寬恕的要求，而輕視了法理之內的懲罰行動？寬恕與復仇的心態，同

樣有必須面對的缺陷，有著同等的重量與複雜。　▼ 參考：〈寬恕〉

參考資料：

許家馨，〈應報即復仇？——當代應報理論及其對死刑之意涵初探〉，中研院法學期刊，第十五期

許惠琪，〈應報論、復仇觀與傳統哲學——再論死刑爭議〉，全國律師，第 23 卷第 1 期

吳俊德，〈「以眼還眼，以牙還牙」——應報符合公平正義嗎？〉，http://whogovernstw.org/2014/11/07/jundehwu2/?fbclid=IwAR2KNJBfM1g MqJAfc6-GBYdcJ7pwsJQ_XLA74OAxJ9aOlKS4ApQgAuy5MvU

謝劍，《連南排瑤的社會組織》，香港中文大學，1993

勒內・吉拉爾（René Girard），《替罪羊》，臉譜，2004

李隆獻，《復仇觀的省察與詮釋：先秦兩漢魏晉南北朝隋唐編》，台大出版中心，2015

艾維・佛特勒爾（Hervé Vautrelle），《什麼是暴力》，開學文化，2018

森炎，《死刑肯定論》，光現出版，2018

寬恕

文／孫世鐸

教學提示：

① 你認為阿提最後沒有殺死納薩拉，是因為寬恕了他嗎？如果是的話，阿提又是否背叛了父親和祖父呢？

② 請想像一下，你現在生活在一個已經民主化的社會，但你的家人曾經在過去威權統治的時代，無故被政府逮捕，最後失蹤。那麼，現在的你會期待政府對你的家庭做些什麼呢？

　　《雨季不再來》的故事主題圍繞著一段「未能完成復仇」的旅程。主角阿提在故事的情節發展中歷經許多次掙扎，仍無法下定決心對殺父仇人納薩拉下手。這個過程顯示了無論「復仇」或「寬恕」，都不是一件容易的事。身處東亞文化圈的我們，在現實生活中，遭遇到各種人與人間的傷害時，時常會聽到「冤冤相報何時了」，勸告受害的一方「要放下」的說法。然而，「放下」真的是一件這麼容易做到的事嗎？在當代社會中談論「寬恕」，其實不僅是個人與個人之間的互動，更蘊含了相當複雜的歷史、文化與社會意涵，我們可以試著藉由《雨季不再來》的故事，探索這些意涵的緣起與變遷。

●無條件的寬恕

　　如果暫且抽離「查德內戰」 參考：〈查德內戰〉 這個影片中並未實際展現的時空背景，阿提和納薩拉的故事其實是無論古今中外都十分普遍的「為父尋仇」的故事 參考：〈復仇〉 ，所展現的是個人與個人之間的罪行與復仇，而還不涉及群體（有可能是社區、團體或國家等等）與個人，乃至於群體與群體之間的罪行。在現代法律尚未誕生的遠古世界，犯下罪

行的人並不會像現在一樣，受到法律的審判與制裁。因此，個人之間的復仇就成了相當尋常的事。但我們不難想像，在這樣的情況下，人與人之間很容易進入「冤冤相報何時了」的情境：A 殺了 B 的父親、B 殺了 A、A 的女兒殺了 B……復仇成為一種在家庭裡世代傳承的「計畫」，也成為所有關係人私領域的生活重心。所以，我們可以進一步想像，當法律誕生之後，它會替代復仇者的角色，對犯罪的人予以懲罰，也讓本來屬於私人的制裁工作離開家庭，進入公共領域，交由法律制裁，讓個人之間的復仇計畫有休止的可能。

然而，如前所述，無關的旁人說一句「冤冤相報何時了」很容易，對於當事人而言，就算犯罪者已經受到法律制裁，要真正由衷地寬恕、原諒對方，又談何容易？在《雨季不再來》的故事中，我們可以看到納薩拉時常去清真寺，甚至希望阿提能跟他一起去。對於曾經犯下殺人罪行，卻又不知如何贖罪的納薩拉而言，尋求神的寬恕與原諒，是比尋求受害者的寬恕與原諒更可能辦到的事。其實，在以亞伯拉罕諸教（尤太教、基督宗教、伊斯蘭教）文化為主的世界中，由於宗教的經典經文時常強調，對他人犯下惡行其實也是對神的冒犯，所以比起尋求受害者的寬恕與原諒，犯罪者確實更常

被要求尋求神對其罪行的赦免。 參考：〈伊斯蘭教〉

　　在這種「神的赦免大於受害者的寬恕」的世界裡，對寬恕的尋求有幾種不同的意涵：首先，它可能有一種「交易」的意涵——犯罪者藉由懺悔與道歉，交換到神對其罪行的赦免。隨後，犯罪者才會透過宣誓永不再犯，以及適當的賠償，來乞求被害者的寬恕。甚至，宗教誡律還會要求被害者不能「先於神原諒」，而必須讓犯罪者完成所有的程序，這充分顯示了寬恕在此並不只是人與人之間的事，而更是人與神之間的事。其次，宗教的經典經文也可能要求一種「無條件的寬恕」，來試圖降低受害者的仇恨與憤怒。但這樣的要求可能反而造成受害者認為「我有復仇的權利，只是我仁慈地放棄了」，甚或根本沒有真正的寬恕，而並不容易實際帶來「冤冤相報」的終結。也因此，在近代的西方世界，逐漸出現甚至無關乎「對罪行寬恕」，而完全是「超越仇恨與憤怒的愛」這樣的概念。這裡所說的「愛」，同樣源於基督教文化，是一種可以全然付出、不問回報，只有神能夠給予的愛，而人若真心信仰神，就應該試著活出這種「無條件」的愛。

　　其實，《雨季不再來》的製作緣起於 2006 年，為了慶

祝作曲家莫札特（W.A. Mozart）250 週年誕辰，美國劇場導
演謝勒（Peter Sellar）邀集許多不同領域的藝術家，以莫札
特作品為靈感進行創作，而《雨季不再來》正是對莫札特歌
劇《狄托王的慈悲》的當代演繹。回到莫札特所身處的 18
世紀，歐洲在之前歷經數百年的大小戰事，如何化解各種歧
見走向和平，是當時思想家與藝術家的熱切想望。《狄托王
的慈悲》描述羅馬皇帝狄托娶被他所廢黜的前皇帝之女維特
莉雅為妻，因此被維特莉雅和深愛維特莉雅的狄托好友塞斯
托密謀刺殺，卻在刺殺行動失敗後寬恕他們。這個故事展現
了狄托因為對維特莉雅與塞斯托的愛，而能超越自己受到
背叛的震驚情緒。時代較莫札特略晚的貝多芬（Ludwig van
Beethoven）將詩人席勒（Friedrich Schiller）的作品《歡樂頌》
改寫融入他的第九交響曲，其中歌詞更是強調：「習俗使人
各奔東西／憑你的魔力手相攜／在你溫存的羽翼下／四海之
內皆兄弟」展現出對於世人建立無條件的手足之情，達致世
界和平的期待。

● 「我們」如何原諒「你們」？

　　但是，正如我們所知，這樣的期待並沒有在 20 世紀以後

的人類世界實現。《雨季不再來》其實並不只是一個單純的
「為父尋仇」故事，而是緣起於「內戰」這種發生在群體與
群體之間的罪行：納薩拉並不一定真的和阿提的父親有個人
間的仇恨，但因為他們分屬交戰的雙方，殺戮就成為不得已
的必然。無論「交易式的寬恕」、「無條件的寬恕」或是「超
越仇恨與憤怒的愛」，處理的都仍然著重在個體與個體間的
關係。然而，面對 20 世紀人類世界空前大規模的各種戰爭與
極權統治，我們也必須開始面對與思考，戰爭與極權統治所
帶來的無論是群體與個人間，或群體與群體間的罪行與寬恕，
像是鎮壓、屠殺、戰爭等等。至此，寬恕已經不再僅僅只是
「我原諒你」的情感行動，而更是「我們原諒你們」的政治
行動。

　　舉例來說，如果阿提的祖父並沒有原諒納薩拉，那麼，
阿提對納薩拉的仁慈，是否代表了對祖父的背叛呢？更有甚
者，《雨季不再來》的復仇主體只有阿提與祖父，如果今天
阿提代表的是一個由數千人所構成的部族呢？我們可以回到
影片的開頭：祖父和阿提決意要對納薩拉復仇，其實是因為
他們在廣播中聽到，政府的「正義與真相委員會」決定赦免
所有的內戰罪行。這代表他們原本對於由法律替代自己來制

裁仇人有所期待，然而當法律失效，期待落空，他們只好重返法律尚未誕生的遠古世界，以自己的方式復仇。從這裡我們可以發現，法律不僅僅可以讓本來屬於私人的制裁工作離開家庭，進入公共領域，而讓個人之間的復仇計畫有停止的可能。在處理群體與群體間的罪行時，法律更扮演了吃重的角色。因為，即使在有法律制裁的情況下，寬恕都不一定能發生，遑論在沒有制裁的情況下。

但是，如果「我原諒你」是為了放下我心中的憤怒與仇恨，那麼，「我們」究竟為什麼要原諒「你們」呢？

電影《賽德克‧巴萊》描繪了 1930 年代，臺灣賽德克族原住民為了捍衛文化傳統，而對日本殖民者「出草」（獵首）的故事，這部影片提供了我們思考關於前述問題的切入點。對於影片中的賽德克族人，「出草」不僅有殺戮的意涵，也有「礙於在現世共存有所困難，和解無法在現世中發生，只好期待發生在死後的彼岸世界」這樣的意涵。換句話說，他們儘管生活在現代法律還沒到來的部落社會，仍然擁有共同信守與憑依的準則。在這樣的世界裡，既然和解是死後的事情，也就不存在現世中對彼此的寬恕。我們也可以想像，在

生存資源極為有限的原始世界中，部落間的爭奪與殺伐是很
尋常的事。而隨著人類歷史進入 20 世紀，世界各地的殖民侵
略者持續侵入原始世界，對部落輸入了現代的法律與秩序，
原有的準則無法繼續在部落社會中運作，文化傳統隨之消亡。
對賽德克族人而言，「和殖民者去死後的彼岸世界和解」也
就成為唯一可能的選擇。

　　這種文明衝突是 20 世紀人類社會的主旋律，也是「寬恕」
在我們所生活的現世中為何如此艱難的主因。生命歷經日本
與國民黨政府統治，曾於 1972 年在美國發起臺灣人民自決運
動的長老教會牧師黃彰輝（1914-1988），就曾經以一個這樣
的故事，來敘述他在面對來自殖民政權的壓迫時，內心湧起
的「毋甘願」（m̄-kam-guān）。1937 年，黃彰輝 23 歲時，
完成東京帝大學業，從日本搭船返台，在船上巧遇畢業旅行
結束要返台的弟弟黃明輝，兩人便熱烈地用台語交談起來。
沒想到，黃明輝立刻被日本教官帶回艙房斥責，黃彰輝只好
前往艙房向教官道歉。被統治者禁絕使用自己的母語溝通，
剿滅自己的文化，甚至大規模殺害自己的同胞，是 20 世紀世
界上許多不同族裔人類共有的經驗。也因為這樣受到壓迫與
傷害的經驗，當制度與律法無法制裁加害者時（如同《雨季

不再來》的情節一般），被害者無止盡的復仇計畫，就同樣成為 20 世紀人類世界不斷上演的故事。

然而，我們畢竟已經不是生活在部落社會，不可能讓所有人都抱持著「去死後的彼岸世界和解」的心態連年互相殺伐。當威權統治垮台，或是內戰落幕，所有的受害者都仍然要懷抱著經年累月的創傷與「毋甘願」，和過往的極權統治者／壓迫者／加害者在同一塊土地上繼續一起生活下去。如果，必須繼續在未來的世界共存是寬恕的原因，那麼，究竟又要如何做到原諒呢？

● 白色恐怖受難者該寬恕誰？

黃彰輝牧師 1971 年在英國擔任普世基督教協會神職時所聘請的副手屠圖（Desmond Tutu），是出身自南非的黑人牧師。在當時，南非仍然處於非常嚴重的種族隔離，白人歧視與壓迫黑人，黑人也會攻擊白人。直到 1990 年代，南非邁向民主化，並在 1995 年成立了「真相與和解委員會」，由屠圖擔任主席，企圖透過調查種族隔離時期的各種迫害，讓加害者面對自己的罪行，也撫平受害者的傷痛。然而，他們很快

就遇到了一個巨大的難題：許多不同層級的加害者表示願意
完整說明他們所犯的惡行，但希望能得到「真相與和解委員
會」的特赦　參考：〈赦免〉　。那麼，南非人民應該接受這樣的
請求嗎？對於當時的南非人民來說，種族隔離時期有太多的
暴行、失蹤與謀殺，仍真相未明，他們迫切地需要知道自己
的親友究竟遭遇到了什麼事。因此，為了讓真相大白，真相
與和解委員會做出了這個艱難的決定：完整交待所有罪行的
加害者可以被赦免。

　　從南非的例子我們可以發現，其實群體對於群體的寬恕，
有一個非常重要的前提在於，受害者必須要知道他們究竟要
寬恕「誰」、寬恕「什麼」，寬恕才有可能開始成立。以臺
灣的例子來看，儘管和南非同樣在 1990 年代開始民主化，然
而由於民主化是以威權政黨轉型的方式完成，並未將轉型正
義工作列為重要的政治議程，因此我們對過去從二二八直到
白色恐怖統治中的加害體制至今仍然十分陌生，也因此臺灣
的轉型正義工作時常被指為「只有受害者，沒有加害者」。
受害者連自己究竟應該寬恕誰和寬恕什麼都不知道，社會卻
始終不斷有要他們「原諒」和「放下」的聲音。2020 年 2 月，
臺灣的促進轉型正義委員會首度發表「轉型正義資料庫」，

民眾才首次有機會瞭解政治案件的審判流程，以及流程中的
參與人員，這是白色恐怖的加害體制第一次在臺灣浮上檯面，
但仍僅限於「受難者被捕後」的軍事司法體制，而尚未處理
政府如何全面監測整個社會的情治系統。

　　再者，《雨季不再來》中的「正義與真相委員會」所宣
告的是一種無條件的救免，但南非的「真相與和解委員會」
則以「加害者必須交待所有罪行」來作為交換。這不僅顯示
了即使屠圖具有基督信仰背景，也不代表他就會贊同「無條
件的寬恕」；更顯示了群體對於群體的寬恕，還有一個非常
重要的前提在於，有非常充分的法制基礎（也就是授權進行
上述「交換」的《真相與和解法》）來作為依據。特別值得
我們注意的是，並非所有南非的受害者都能接受這個交換，
所以也有組織再向憲法法庭提出釋憲，質疑授權「真相與和
解委員會」作此決定的法律違憲。儘管最後憲法法庭仍然主
張《真相與和解法》並未違憲，但提出釋憲的受害者至少能
在法律的保障下倡議他們的訴求，並且得到來自憲法法庭的
解釋（儘管他們並不一定滿意）。

　　最後，「真相與和解委員會」也不僅是讓加害者說出自

己所犯下的罪行而已，他們也讓受害者持續透過電視等媒體講述自己或親人的遭遇，讓全國國民都有機會理解過去究竟曾經發生什麼事。可見，寬恕也有賴於受害者開始能夠訴說

參考：《超級大國民》〈負罪的生還者〉 ，進而讓訴說產生積極的意義：自己（受害者）不再受恐懼糾纏、加害者正視所背負的罪惡感進而能夠重新做人，雙方彼此間達到真正和解。從以上幾點來看，我們可以了解，寬恕當然是終結仇恨循環的首要條件，但我們不能在沒有任何前提下，毫無道理地一直要求受害者做到無條件的寬恕。真正的寬恕必須有對象，也就是知道要寬恕誰和寬恕什麼、也必須有依據，也就是有充分的法制基礎，讓加害者不會輕易逃跑，受害者也有表達訴求的保障、更必須有意義，也就是對未來有充分的建設性，才有可能發揮它修復整個社會創傷的力量。

參考資料：

戴斯蒙・屠圖（Desmond Tutu），《沒有寬恕就沒有未來》，左岸出版，2013

茉莉・安德魯斯（Molly Andrews），《形塑歷史》，聯經出版，2015

瑪莎・納斯邦（Martha C. Nussbaum），《憤怒與寬恕》，商周出版，2017

馬西・諾爾（Masi Noor）、瑪琳娜・肯塔庫奇諾（Marina Cantacuzino），蘇菲・斯坦汀（Sophie Standing）繪，《寬恕的修復力量》，行路出版，2019

奧比・薩克斯（Albie Sachs），《斷臂上的花朵》，麥田出版，2020

蔡榮芳，《從宗教到政治：黃彰輝牧師普世神學的實踐》，玉山社出版，2020

赦免

文／孫世鐸

教學提示：

① 如果今天我們能夠徹查出臺灣白色恐怖時期的各種
「加害者」：情治人員、特務、警察、軍事檢察官、
軍事法官，你認為我們應該透過司法途徑，追訴他
們的罪行嗎？為什麼？

② 威權統治時期犯下許多罪行的獨裁者，在民主轉型
時期往往會因為各種政治因素被赦免。你認為這樣
公平嗎？如果不公平，你覺得有什麼方法可以改變
這種情形？

　　《雨季不再來》的故事展開於「正義與真相委員會」宣
布內戰罪行的全國赦免令，赦免令一宣布後，我們就在畫面
之外聽到衝突和暴力的聲音。可以想見，這樣的赦免並不是
電影中的查德民眾所期待的事情。那麼，赦免究竟是什麼？
又為什麼電影中的「正義與真相委員會」會選擇赦免所有的
罪行呢？

● 什麼是赦免？對象是誰？

　　在我們的道德直覺上，「犯罪者應受懲罰」是理所當然
的事情。然而，「犯罪」畢竟是「已經發生但我們未必見證」
的事情。所以，無論古今中外，在人類社會中，往往會由一
群人組成負責審判的組織，通過證據的搜集來確立有犯罪嫌
疑的人是否犯罪。這樣的過程在現代法治國家中，分工為負
責起訴罪名與刑度的「檢察」，與負責宣判罪名與刑度的「審
判」兩大工作。在有些國家中，「審」與「檢」會一同在司
法機關中運作，有些則會分別在司法與行政機關中運作（例
如臺灣）。這是因為兩者如果融為一體，可能會立場完全一
致，讓被告在被起訴的時候就幾乎等同被定罪，無法為自己
辯護。而隨著政權轉移、法律修訂，過往被視為「犯罪」的

行為可能已經不再是犯罪；或者是社會對「罪犯」的冤屈有
高度共識，但「罪犯」仍然尚未能透過司法途徑獲得救濟。
因此許多國家都有法律授權行政機關，可以針對這些「罪犯」
進行赦免。換句話說，赦免雖然有法律依據，但並非經由司
法程序執行，因此它的施行往往發生在社會高度關注且寄予
同情的案件，具有強烈的政治意涵。

　　以我們較熟悉的臺灣為例，陳水扁擔任總統的第一年
（2000 年），就在世界人權日（12 月 10 日）實施了特赦令，
對象包括帶領失業勞工臥軌抗議而被判公共危險罪的工人運
動領袖曾茂興、在一樁強盜案中被遭受刑求的嫌犯供出而被
判罪的蘇炳坤，以及 19 位因為信仰的原因拒服兵役被判罪的
「宗教良心犯」等等。2007 年，陳水扁任內又特赦了在各地
放置爆裂物抗議政府開放稻米進口，因而被判刑 5 年 10 個月
的「白米炸彈客」楊儒門。從這些案例可以看出，赦免不僅
是法律賦予總統的政治權力，也具有和社會對話的功能：犯
罪帶有強大的公益動機，因而能被社會諒解的犯罪者，或是
冤屈十分明顯卻一直未能通過司法管道獲得救濟的冤枉者，
都可能是被赦免的對象。

　　而在此之前，臺灣還曾有過兩次對「政治犯」的特赦。1964 年，台大政治系教授彭明敏和政大研究生謝聰敏、中研院研究助理魏廷朝共同起草「台灣自救運動宣言」，但很快就因為消息外洩被捕，彭明敏被判八年有期徒刑。但由於彭明敏在國際上高度知名，因此國際特赦組織發起救援，美國政府也對國民黨政權強烈施壓，蔣介石只好發布特赦令。1990 年，李登輝就任中華民國第八任總統後，則特赦了在 1979 年「美麗島事件」後被判刑的 27 位「政治犯」。從這兩個案例來看，赦免也可能發生在威權統治者與民主運動者之間，而發生的時機可能在統治者受到高度政治壓力的時刻，也可能在國家開始走向民主化的時刻──如前所述，過去被視為「犯罪」的集會遊行等行為已經不再是犯罪。

●赦免的條件：以西班牙和南非為例

　　在世界上，臺灣是一個相當特別的例子。因為民主化是通過威權政黨轉型，而非民主運動者推翻威權政黨取得政權完成，所以是由威權政黨的統治者「赦免」仍在關押中的民主運動者。然而，如果以同時期其他從威權統治走向民主化的後國家來看，他們所面對的問題反而是民主運動者在執

政後，如何面對過往的威權統治者所犯下的罪行：應該以司法起訴他們，還是要赦免他們呢？西班牙和南非是面對這個難題時兩個具有代表性的例子：前者無條件赦免了加害者，後者則以「完整交待罪行」作為赦免的條件。為什麼他們分別會採取這樣的途徑呢？在西班牙，軍事獨裁者佛朗哥（Francisco Franco）統治國家三十六年，整肅異己，造成十多萬人失蹤。他在 1975 年逝世之後，國家開始走向民主轉型。但在轉型初期擔任西班牙總理的蘇亞雷斯（Adolfo Suarez Gonzalez）很快面臨到如何避免佛朗哥餘黨阻礙政治改革進程的問題。因此，西班牙政府在 1977 年頒布《大赦法》，限制對佛朗哥時期任何犯罪真相的調查，也沒有任何獨裁政府官方或軍方的加害者遭到起訴，以換取軍方不會干預民主選舉。

在西班牙的案例中，赦免有了更加複雜的政治意涵。相對於針對個案所進行的「特赦」，西班牙對佛朗哥政權加害者的赦免是一種無條件、無差別、全面進行的「大赦」。這樣的赦免顯然極度違逆我們的道德直覺：十多萬人失蹤，難道不需要有人對此負責嗎？這個問題展現了民主轉型的艱難：如果我們將威權政府走向民主化的進程簡單區分成威權統治、民主轉型時期、完成民主轉型三個不同階段，就會發現

任何國家在民主轉型時期，都會留下威權統治的殘餘，包含
曾經替統治者對人民犯下各種暴行的官僚與軍人，仍然不斷
在抵抗政治改革，因為這不但會對他們原本所掌握的權力造
成極大的損害，更可能會讓他們遭受懲罰。而如果他們對於
所處國家的政治運作仍然有強大影響力的話，新的執政者可
能即使想懲罰他們，也沒有足夠的政治力量可以完成，比方
說對軍隊沒有充分掌握的權力，而可能隨時導致政變。

　　以上提到的這種情況在 1980 年代之後的拉丁美洲國家相
當普遍，舉例來說，阿根廷總統阿方辛（Raúl Alfonsín）就曾
在 1986 年為了化解政變危機而和叛變的軍事將領談判，特赦
過去參與威權統治的軍方人員。另外一方面，赦免是由行政
機關而非司法機關來執行，這也能協助我們更進一步理解拉
丁美洲國家的特赦。因為在這些國家的民主轉型時期，司法
機關往往也是威權統治殘餘的一部分，就算由他們來進行審
判，可能最終也無法讓期待嶄新國家的社會感到滿意。因此，
由通過選舉選出，能夠展現全新民意的執政者來執行赦免，
不但能免除舊勢力的反撲，也會比由仍然處於民主轉型時期
的司法機關來執行懲罰更具有正當性。事實上，將懲罰權和
赦免權分別交託司法機關和行政機關，正代表著赦免是一種

112

統治權的象徵，更是一種統治者因應政治局勢而進行的判斷與作為。比較特別的是在烏拉圭，在經過立法進行赦免之後，又透過全國公民投票來決定是否進行更大範圍的赦免，希望賦予赦免更充分的民意基礎。在這個例子中，赦免的權力更加直接來自於人民。

　　而到了 1990 年代的南非，赦免又出現不同的作法：他們並非像西班牙一樣，直接限制對任何犯罪真相的調查並且無條件大赦，而是成立了「真相與和解委員會」，並且透過立法決定，願意向委員會完整交待所有罪行的加害者可以被赦免。 參考：〈正義與真相委員會〉、〈寬恕〉 他們想用赦免來換取的不只是和平完成民主轉型，更是讓受害者家屬有機會知道，他們的親人究竟在什麼樣的情況下失蹤或身亡。無論是無條件大赦，或是換取加害者交待罪行的特赦，在在顯示了，在民主轉型時期，「犯罪者應受懲罰」的這種「應報式正義」觀點，可能在社會的各種力量影響下被迫調整。但我們也可以想像，這種調整可能導致《雨季不再來》所講述的電影情節上演：當加害者被赦免，傷痛無法撫平的受害者只好尋求私刑復仇。我們可以一起思考，在上面這些國家的例子中，起訴加害者的權力被撤銷，究竟是違背了民主國家應有的法

治原則，還是成功保護了民主體制呢？如果民主轉型時期的執政者迫於政治原因，必須赦免過往的加害者，受害者是否就完全失去機會對加害者追究責任了呢？

上面的問題，我們可以從以下的例子來思考：1998 年，西班牙的一位法官加爾松（Baltasar Garzón Real）以「涉嫌對西班牙公民施以酷刑，違反『聯合國禁止酷刑公約』」為由，起訴了當時從智利前往英國就醫的前獨裁者皮諾契特（Augusto Pinochet），並且引用了公約第 5 條的「普遍管轄權」原則，對皮諾契特發出國際拘捕令。所謂的「普遍管轄權」指的是當犯罪人所犯的罪行對全人類都有所危害，那麼，任何一個國家都有權懲罰他。加爾松的起訴行動引起了西班牙人對當初《大赦法》的重新思考討論：如果我們可以審理外國獨裁者的罪行，為什麼卻不能審理我們自己過往威權統治加害者的罪行？這個例子也可以帶領我們思考：明明是相同的罪行，為什麼在一個國家主權所及範圍內被赦免的人，卻會在國家主權範圍以外的地方遭到起訴？普遍來說，什麼樣的罪行可以被赦免，什麼樣的罪行無論如何都必須被懲罰？

回到《雨季不再來》，電影中未言明，「正義與真相

委員會」所宣布赦免的，是 1982-1990 年哈布雷（Hissène Habré）總統在位期間，他和黨羽所犯下的各種非法關押、暗殺與失蹤案件。 參考：〈查德內戰〉 哈布雷被推翻後就逃到塞內加爾，2013 年被捕後，在 2016 年被塞內加爾的「非洲特別法庭」同樣以「普遍管轄權」概念，起訴「危害人類罪」，判處終身監禁。 參考：《借問阿嬤》〈尤太大屠殺〉 從這個例子我們可以發現，因為有「普遍管轄權」的存在，人類對於在國家主權所及範圍內，因為前面提過的政治因素被赦免，或是像哈布雷一樣逃亡成功的獨裁者，仍然能有向他們的罪行究責的機會。更有甚者，「危害人類罪」不僅不受屬地管轄權（空間）的限制，也不受溯及既往（時間）的限制，無論罪行的發生距今有多遙遠，都仍然可以起訴。換句話說，「普遍管轄權」和「危害人類罪」的存在，讓《雨季不再來》片頭的民眾，乃至展開復仇之旅的阿提，他們的憤怒有被撫平的可能——雖然可能需要花去漫長的時間。

　　「普遍管轄權」和「危害人類罪」隱含著這樣的意涵：在現代民主法治國家裡，一般情況下，無論司法權（代表懲罰）或行政權（代表赦免），它們的行使都僅及於國家主權所及的範圍內，權力來源則是一個國家的「國民」；但人類

假定了有一種罪行是超越主權的，全人類都有共同的責任必須去追究它，而且可以有一個跨越國界的國際刑事法庭來審理它，讓「犯罪者應受懲罰」的正義即便延遲，仍有實現的可能。

參考資料：

璐蒂．泰鐸（Ruti G. Teitel），《轉型正義》，商周出版，2017

哈特（H.L.A. Hart），《法律的概念》，商周出版，2018

飛利浦．沙茲（Philippe Sands），《人權的條件》，貓頭鷹出版，2020

戰爭孤兒

文／林靖豪

教學提示：

① 戰爭、內戰或其他形式的武力衝突對兒童帶來什麼影響？戰爭孤兒為什麼相對而言更加脆弱？

② 對於受戰亂影響的兒童而言，最需要的援助是什麼？有哪些組織在提供援助？我們又可以如何參與？

　　十六歲應該是個什麼樣的年紀？對於身在臺灣或其他富裕社會的我們來說，十六歲正是體驗校園青春生活的黃金時光，也是為了未來夢想而努力學習知識的階段，但是《雨季不再來》的主角阿提，在這個年紀時既沒有校園生活、也無法接受教育，而是帶著槍離開故鄉，踏上復仇之旅，在殺父仇人的工廠學習製作麵包。

　　我們可以試著想想，在這樣的狀況下長大，對阿提的未來會有什麼影響？他的生命機會如何被戰爭給剝奪？其實我們從阿提的故事中看到的，也是這個世界上數千萬兒童與青少年的共同經驗。

● 戰火中的兒童

　　這個世界現在正面臨第二次大戰以後最大的難民危機，無法停止的戰爭、內戰與武力衝突是造成難民危機的主要原因，而兒童正是這個危機最大的受害者。

　　據聯合國難民署（UNHCR）的統計，全球因武力衝突而被迫逃離母國，或因戰亂而在國內流離失所等生活面臨嚴重問題，急需國際關注的難民人口，已經從 2012 年的 3500 萬人，成長到 2018 年的 7500 萬人，2020 年更可能突破 8000 萬人，其中非洲、中東、中美洲、南亞是遭到戰火蹂躪最為嚴重的地區。

　　聯合國兒童基金會（UNICEF）則指出，武力衝突是造成兒童陷入貧困生活的主要原因。據估計，到了 2030 年，生活在極端貧窮中的兒童將有 50% 來自深陷衝突的脆弱國家。此外，目前因戰亂而被迫從本國逃離的難民中，年紀小於十八歲的兒童與青少年就佔了超過一半，總數超過一千萬人，還有數千萬的兒童在自己國家的土地上流離失所。

　　貧困與流離失所對兒童帶來的傷害無疑是嚴重且不可忽

視的，許多研究指出，暴露在戰火中的兒童除了生命安全飽
受威脅外，還必須面對包括缺乏衛生設備、缺乏疫苗接種、
疾病傳染、缺乏乾淨的飲用水、營養不足、長期的心理創傷
等身心健康問題。在全球各地從事難民救援工作的非政府組
織挪威難民委員會（Norwegian Refugee Council）指出，以敘
利亞內戰的經驗而言，難民兒童的預期壽命（life expectancy）
較沒有戰爭的情況下減少約三分之一，僅有五十五歲左右。

　　另一方面，難民兒童在社會生活的面向上也十分脆弱，
其中教育中斷是一個非常嚴重的問題。聯合國難民署在 2017
年發布的《被遺落在後：危機中的難民教育》報告中指出，
相較於全球平均有 91% 的兒童接受初等教育的比例，難民兒
童只有 61%，在低所得國家，難民兒童接受初等教育的比例
更低到 50% 以下。在更高等的教育方面，難民兒童能夠得到
的教育機會就更少了，相較於全球平均有 84% 的兒童能夠接
受次級教育（中學教育），難民兒童中只有 23%，低所得國
家的難民兒童更只有 9%；在中學後的高等教育方面，相對於
全球平均 36% 的入學比例，難民兒童中只有 1% 的人有機會
接受高等教育。教育中斷使得難民兒童的生命機會備受限制，
在失學的情況下，許多人只能選擇在年紀很輕時就開始勞動

或進入婚姻，甚至不少兒童在被強迫或沒有其他選擇的情況
下成為童兵以求生存。

更嚴重的問題是，要脫離難民狀態，回到穩定的生活是
一件非常困難的事，聯合國難民署估計，成為難民的兒童，
平均要花二十六年才能脫離難民狀態，在這個過程中，除了
安全、貧窮、健康的問題外，許多流離在海外的難民還要面
對社會的歧視和排除，這對兒童的成長有極負面的影響。

而在難民兒童當中，失去父母的孤兒是更脆弱的一群。
相較於有父母保護的難民兒童，孤兒更容易成為暴力的受害
者，甚至遭到綁架被迫從軍或勞動，也更容易因求生存而面
臨被剝削的處境。此外，缺乏心理上的支持，對於戰爭中的
孤兒會帶來更長遠的負面影響。

戰爭帶來的恐懼以及周遭環境與生命遭破壞的經驗，對
兒童會造成極大的壓力和創傷，許多兒童可能會因此產生創
傷後壓力症候群（PTSD）或毒性壓力（toxic stress）的問題，
不過，在有妥善支持的情況下，多數兒童能夠從創傷中復原。

然而，二次大戰後，心理學家研究戰爭對兒童帶來的心

理創傷後發現，有沒有親屬照顧對於兒童在戰爭衝擊下心理受到創傷的程度有很大的影響，因為父母或可依附的對象對於兒童受到的創傷有很大的緩衝作用，同時也能幫助兒童在面對外在衝擊時，有更好的調適能力。但對於在戰爭中失去親人的孤兒來說，不但失去親人本身就會帶來極大痛苦，在缺乏支持與緩衝的情況下，戰爭帶來的心理創傷更可能造成他們長期的「心理傷疤」，也就是在面對外在環境的變化時，內心的創傷經驗更容易被喚起，造成恐懼與各種負面心理狀態，這對戰爭孤兒的成人生活會帶來極大的影響。

● 戰爭孤兒的經驗

接下來，讓我們透過戰爭孤兒的真實故事，進一步了解他們到底經歷了什麼。

「在獅子山共和國（Sierra Leone），大多數的暴行都是由年紀在差不多剛有辦法自己綁鞋帶的兒童所犯下的」，曾為獅子山內戰童兵與孤兒的穆罕默德・西迪貝（Mohamed Sidibay）在聯合國出版的《非洲更新》（Africa Renewal）雜誌上發表文章分享自己的遭遇，「我就是其中的一個孩子，

123

從小我裝填的是彈匣而不是墨水匣，在我能寫數字 1、2、3
之前，我就學會了怎麼在牆上噴漆的技巧。」

獅子山在 1991 年時爆發嚴重內戰，內戰持續超過十年，
估計造成 5 至 30 萬人死亡，250 萬人流離失所。1997 年，西
迪貝五歲時，反叛軍攻入他的村莊，他的父母在他面前遭到
反叛軍殺害，他則遭到反叛軍綁架，成為童兵。

「在我生活的世界裡，我恐懼的不是神，而是其他的兒
童，他們因吸食毒品而亢奮，揮舞著比自己還高的 AK–47 步
槍，他們被迫殺人，否則自己就會被殺。」西迪貝如此描述
他被綁架後的生活，「為了保命，你最好的朋友也可能殺了
你。」

2002 年，內戰結束，想要回家的西迪貝卻因為曾加入反
叛軍被村裡人逐出村莊，無處可去的他最後流落到首都自由
城（Freetown）的街頭。幸運的是，他遇到一位義大利牧師
為他提供庇護所，並送他到一個非政府組織接受教育，他在
十四歲那年受邀到美國的大學談他的童兵經驗，此後便留在
美國接受教育。

　　類似的故事也發生在非洲大陸另一頭的南蘇丹。1983 年爆發的蘇丹內戰，是 20 世紀最慘烈的內戰之一，戰火加上飢荒，估計造成 100 萬到 250 萬人死亡。1987 年，大批住在南蘇丹、失去家人或與家人失散的兒童，為了逃離戰火並且尋求足夠的食物，從南蘇丹徒步逃往東邊數千英哩外的衣索比亞與肯亞邊界。在路上，他們不但要面對體力與疾病的考驗，還要面對野生動物的攻擊和軍方的追捕，許多兒童在逃亡過程中死亡，或被綁架成為童兵。最終在 1991 年，有約兩萬名兒童逃出邊境，進入衣索比亞和肯亞的難民營中，他們被國際媒體稱為蘇丹的「迷失男孩」（Lost boys of Sudan）和「迷失女孩」（Lost girls of Sudan），他們的故事也成為許多書籍、記錄片與電影的主題，例如 2014 年上映的電影《扭轉命運的樂章》（The Good Lie）。

　　然而，要怎麼安置蘇丹的迷失男孩與迷失女孩是個大問題，他們在難民營中接受援助度過了數年，在 2000 年後，美國政府決定啟動計畫，安置仍留在難民營中的 3800 個兒童，其餘的兒童則被其他國家的難民安置計畫接收。經歷過艱苦的異地生活後，許多蘇丹迷失兒童投入人道主義運動，幫助他們家鄉中目前仍持續受戰火荼毒的兒童。

除了蘇丹以外，世界上還有許多戰爭孤兒現在仍然生活在戰火的威脅下，敘利亞是其中情況最為嚴峻的地區之一。敘利亞內戰從 2011 年開打，至今（2020）仍未結束，根據聯合國難民署的統計，截至 2019 年，敘利亞內戰共造成超過一千萬人的生活陷入困境，其中急需人道援助的兒童有五百萬人，還有兩百五十萬個敘利亞兒童成為海外難民。另一方面，雖然沒有準確的統計數字，但許多媒體推估敘利亞的戰爭孤兒人數至少在十萬人以上。

艾拉芙‧亞辛（Elaph Yassin）在土耳其開設了專門安置敘利亞難民兒童的孤兒院，她在接受美國 CBS 電視台新聞節目《60 分鐘》（60 minutes）採訪時談到這些戰爭孤兒的心理狀態：「我想神給了孩子一些我們大人沒有的東西，那就是原諒。他們已經習慣在說他們自己的故事時不會每次都感到痛苦，就像在他們的故事和他們自己之間築了一個障礙。」亞辛認為這是一種自我防禦機制，經歷戰爭創傷的孤兒，透過將過去的經驗和現在的生活切割，以面向未來繼續走下去。

但並不是每個人都能適應新的環境，展開新的人生，許多兒童在逃到土耳其後被抓去強迫勞動，有些孩童甚至遭到

性侵。在創傷與壓力的環境下，一些難民孤兒陷入毒癮之中，在 CBS 的採訪中，一個名為威爾（Wael）的敘利亞孤兒就是如此，他靠著自己的力量逃離敘利亞，但在土耳其卻過著撿拾回收維生，有一餐沒一餐的日子。

仍待在敘利亞的兒童則持續暴露在戰火的威脅當中，敘利亞政府軍在俄羅斯的支援下，不斷對反叛軍佔領的城市施以空襲，造成大量的學校、醫院甚至孤兒院被毀，許多難民兒童被迫不斷遷移尋找安全的地方。

從上述的故事中可以看到，缺乏安全的環境以及暴露在暴力的環境中是大多數戰爭孤兒的共同經驗，但如果能夠得到妥善的支持，他們有能力與創傷共處，讓人生繼續往前，追求更多的可能性。因此，如何為戰火中的孩子提供安全、可信賴的支持環境，讓他們在衝突危機下仍能夠得到基本的健康和受教育的權利，是目前最重要的課題。

● 危機下的兒童權利保障

在爆發武力衝突危機的國家中，其政府在戰區幾乎已經

失去維持日常服務運作的機能，更不用說往往政府就是交戰
的其中一方。從二戰以後的內戰經驗來看，無論是政府軍或
反政府軍，無視兒童的安全進行無差別攻擊的情形已成為「新
常態」，而其他國家的政府也很難直接介入內戰的局面。在
這樣的情況下，跨國的政府與非政府組織成為第一線援助危
機中兒童最重要的行動者。

　　聯合國兒童基金會是援助受戰爭威脅兒童最重要的一個
跨國政府間組織，其主要提供的援助項目包括供應食物給面
臨營養不足危機的兒童、提供疫苗及疾病防治措施、提供乾
淨的飲用水、提供照護與心理支持、提供正規與非正規教育
以及現金援助。

　　除了提供戰區和難民所在地必要的物資外，聯合國兒童
基金會的任務還包括擬定各種標準和方案，以對各國政府進
行倡議，並且在各國政府間溝通協調，在可能的情況下協助
有需要的國家建立支援體系。

　　1989 年在聯合國大會上通過的《兒童權利公約》
（Convention on the Rights of the Child）是兒童權利在戰亂中

獲得保障的最重要國際法依據，除了美國以外的所有聯合國
會員國都有簽署，其中規定了兒童有生存、發展、受保護以
及參與等四大權利，公約也禁止童兵及兒童色情的存在。《兒
童權利公約》的第 39 條也要求締約國應採取所有適當措施，
使遭遇武裝衝突以及任何形式之剝削、虐待的兒童身心得以
康復並重返社會。

　　此外，聯合國兒童基金會也擬定了其他非強制的提案邀
請各國政府聯署，如保障教育系統不在戰亂中被破壞的《安
全學校宣言》（Safe Schools Declaration），以進一步保障戰地
兒童的權利。除了兒童基金會以外，聯合國難民署對於難民
兒童也有許多援助計畫，其他跨國政府組織，例如歐盟，也
都有規劃人道援助項目。

　　不過，僅靠跨國政府組織仍然不足以支援全球各地多達
數千萬的戰地兒童與孤兒，要深入戰地的各個角落提供援助，
還要靠許多跨國或在地的非政府組織與公民，而這些項目要
能維持，除了靠熱情的工作者與志工投入外，最重要的就是
來自社會的捐助與關注。

　　許多地區的衝突在延續好幾年都無法結束的情況下，雖然受害的兒童不斷增加，但來自國際的關注卻也逐漸下降，對於軍方的人道壓力也逐漸減弱，如何克服這樣的冷漠，也是目前國際人道援助工作中一個很大的挑戰。

　　臺灣雖然不是聯合國的成員國，但這並不表示我們不能參與救援難民兒童與戰爭孤兒的國際人道主義行動，臺灣的非政府組織不乏與國際組織合作援助難民的經驗，但整個社會對於世界其他地方發生的衝突以及兒童的處境仍有待了解，這是未來值得努力的一個方向。在對難民兒童和戰爭孤兒的議題有更進一步的認識後，我們或許可以開始思考與討論在臺灣實施《難民法》，接納難民在臺灣重新展開新生活的可能性，為解決國際社會的難題貢獻一份力。

參考資料：

Roald Høvring, Refugee children: 10 dangers, Norwegian Refugee Council, https://www.nrc.no/perspectives/2016/refugee-children-10-dangers/

International Rescue Committee. The Lost Boys of Sudan. https://www.rescue.org/article/lost-boys-sudan

Ann S. Masten, and Angela J. Narayan. Child development in the context of disaster, war, and terrorism: Pathways of risk and resilience. Annual review of psychology 63, 2012

Scott Pelley, Saving the orphans of war, CBS News, https://www.cbsnews.com/news/saving-the-orphans-of-syria-civil-war/

Mohamed Sidibay, Reminiscences of a former child soldier, Africa Renewal, https://www.un.org/africarenewal/magazine/special-edition-youth-2017/reminiscences-former-child-soldier

UNICEF, UNICEF's Global Social Protection Programme Framework, https://www.unicef.org/media/61011/file/Global-social-protection-programme-framework-2019.pdf

UNICEF, Humanitarian Action for Children 2020 Overview, https://www.unicef.org/media/62606/file/HAC-2020-overview.pdf

UNHCR, Left Behind: Refugee Education in Crisis, https://www.unhcr.org/left-behind/

電影裡的人權關鍵字

雨季不再來
Dry Season

國家圖書館出版品預行編目 (CIP) 資料

電影裡的人權關鍵字：雨季不再來 / 林靖豪，馬
翊航，孫世鐸著 . -- 初版 . -- 臺北市：奇異果文
創，2020.07
　　面；　公分
ISBN 978-986-99158-1-6(平裝)

1. 人權 2. 影評 3. 文集

579.2707　　　　　　　　　　　　　109009040

策　　　畫：國家人權博物館、富邦文教基金會
總 編 輯：陳俊宏
作　　　者：林靖豪、孫世鐸、馬翊航（按姓氏筆畫排列）
編輯委員：冷彬、何友倫、陳俊宏、陳佩甄、黃丞儀、黃惠貞、楊詠齡、
　　　　　劉麗媛（按姓氏筆畫排列）
主　　　編：蔡雨辰
設　　　計：夏皮南
印　　　刷：晶華彩印
製　　　作：沃時文化有限公司

出版：奇異果文創事業有限公司
地址：台北市大安區羅斯福路三段 193 號 7 樓 | 電話：（02）23684068 |
傳真：（02）23685303 | 網址：https://www.facebook.com/kiwifruitstudio |
電子信箱：yun2305@ms61.hinet.net

經銷：紅螞蟻圖書有限公司
地址：台北市內湖區舊宗路二段 121 巷 19 號 | 電話：（02）27953656 |
傳真：（02）27954100 | 網址：http://www.e-redant.com

初版：2020 年 7 月
ISBN：978-986-99158-1-6
定價：新台幣 280 元